LES

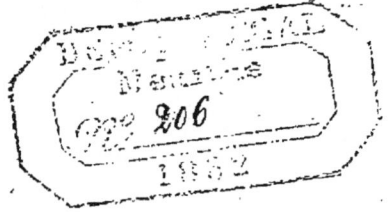

CONTES DU FOYER

PAR

É. SOUVESTRE,

Illustré

PAR MORIN, HAGUENTHAL, FAGONDE.

Ces nouvelles sont tirées
des œuvres de Émile SOUVESTRE,
appartenant
à MM. Michel LÉVY frères, libraires à Paris.

TYPOGRAPHIE ET LITHOGRAPHIE
De HAGUENTHAL, Dessinateur à Pont-à-Mousson,
(Meurthe).

LA DERNIÈRE FÉE.

LES
CONTES DU FOYER

PAR

ÉMILE SOUVESTRE.

RÉCITS ILLUSTRÉS

PAR

MORIN, HAGUENTHAL, FAGONDE.

PONT-A-MOUSSON,

HAGUENTHAL,

Imprimeur-Éditeur.

—

M DCCC LXII.

PARIS.

GUÉRIN-MULLER et Ce

Libraires-Éditeurs,

No 3,

RUE DU GRAND CHANTIER.

1862

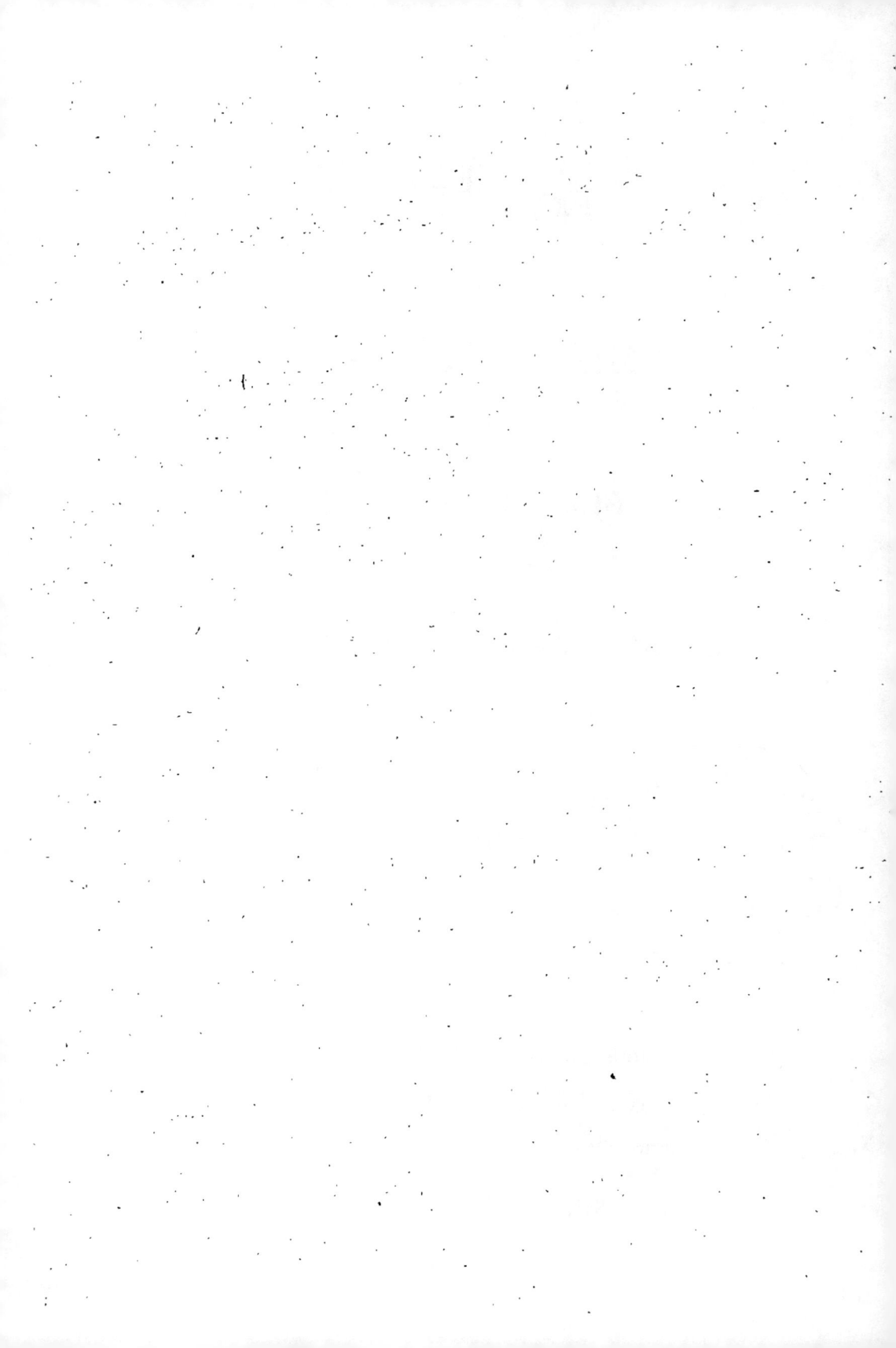

LES
CONTES DU FOYER

LA DERNIÈRE FÉE.

Simon était un vaillant gars, mais orphelin de naissance, et par suite élevé en grande misère. Un de ses oncles, pauvre homme qui avait plus de bonne volonté que de ressources, l'avait adopté et nourri comme il avait pu, tant qu'il s'était trouvé trop petit pour qu'on le gageât; puis il avait servi comme *pastour* chez le maître le plus dur du pays, où, à défaut du reste, il avait appris la soummission et la patience.

Mais l'âge était venu; Simon entrait dans sa vingtième année, et il était temps de chercher une plus forte condition.

On avait parlé de lui à Pierre Hardi, qui manquait d'un garçon de labour; si bien qu'il s'était mis en route pour la ferme des Boulaies, où il espérait bien s'arranger avec le maître et obtenir, comme on dit dans nos campagnes, « un bon lit, une bonne écuelle et un bon gage. »

On se trouvait en automne ; mais, ce jour-là, l'air était aussi chaud qu'au temps des moissons ; de gros nuages se traînaient entre ciel et terre, et pas un souffle ne courait dans les dernières feuilles.

Simon avait ressenti l'effet du temps. Malgré lui, il ralentissait le pas, quand, à un des détours de la route, il rencontra la vieille Fasie, chargée d'un gros panier et de deux lourds paquets.

Le jeune gars connaissait d'ancienne date la paysanne qui, dans le pays, avait réputation de faire commerce avec le diable, de lire l'avenir et de jeter un sort à volonté. Moitié crainte, moitié respect pour l'âge , il avait toujours été poli avec la sorcière, et, cette fois encore, il lui tira honnêtement son chapeau en s'informant de l'état de sa santé.

Fasie s'arrêta en soufflant.

— Par mon baptême! tu arrives à propos, mon gars, dit-elle, et tu vas me soulager en prenant quelque peu de ma charge.

— Volontiers, si nous faisons même route, répliqua Simon.

— Prends toujours les paquets , répliqua la sorcière ; je sais où tu vas.

Et comme il paraissait surpris.

— N'est-ce point que tu espères une place chez Pierre Hardi ? continua-t-elle. De fait , il a besoin d'un homme de labour. Tâche de t'agrafer à cette maison , ce sera grande satisfaction pour toi ; car les maîtres ont de quoi , et leur fille Annette n'est point encore promise. Si tu es honnête avec elle et brave avec les parents , peut-être bien que te voilà sur le chemin de ta noce!

Simon repoussa de bien loin cette idée , comme

trop ambitieuse pour un pauvre gars sans famille et sans légitime ; mais, à vrai dire, elle lui sourit au cœur, et il se mit à y penser malgré lui. Fasie continua d'ailleurs à l'entretenir des Hardi, qu'elle connaissait, disait-elle, depuis leur première communion, et à lui apprendre ce qu'il fallait pour leur agréer.

Le gars écoutait sans en avoir l'air ; il pensait même, à part lui, que la vieille paysanne pourrait bien le faire réussir si c'était sa fantaisie ; car tout le monde savait dans la paroisse qu'elle *avait pouvoir sur les personnes et sur les choses*, comme les fées d'autrefois ; mais il n'eût osé lui demander un pareil service, ne sachant point si c'était chose licite et religieuse.

Cependant tous deux avançaient lentement, rapport aux paquets et aux vieilles jambes de Fasie. Simon, qui était parti un peu tard de chez son ancien maître, commença à avoir peur de n'arriver aux Boulaies que vers le milieu de la nuit ! La paysanne devina son impatience ; elle lui fit prendre, à travers champs, par les *traînes* et les *voyettes*.

Ce fut merveille de voir combien le voyage se trouva ainsi raccourci. Au bout d'une heure, Simon s'aperçut qu'ils avaient laissé derrière eux des villages dont il se croyait bien loin. Par malheur, le ciel était devenu trouble, le tonnerre grondait vers l'horizon, et, comme ils traversaient une brande, toutes les écluses du ciel s'ouvrirent à la fois !

Simon voulut gagner une touffe de peupliers qu'ils avaient à leur droite ; mais la vieille l'en empêcha en déclarant que c'était courir au-devant d'un malheur.

— Il faudrait pourtant chercher un abri, mère Fasie, dit le jeune gars, qui se sentait transpercé.

— Descendons de ce côté, répondit-elle en suivant les ornières qui tournent vers la ravine.

Mais l'eau suivait la même route, et tous deux en eurent bientôt par-dessus leurs sabots. L'orage redoublait, les éclairs ne s'attendaient pas l'un l'autre, et le tonnerre roulait à tous les coins du ciel. Simon, qui enfonçait de plus en plus dans la terre détrempée, commençait à regretter de n'avoir pas suivi sa première idée, quand Fasie se retourna à un coup plus fort et lui montra avec son bâton deux des peupliers sous lesquels il avait voulu se réfugier, que le tonnerre venait de briser. Elle l'engagea en même temps à hâter le pas en lui montrant qu'ils étaient dans une route charretière.

— Les traces blanches prouvent que nous approchons d'une carrière à plâtre, ajouta-t-elle, et quoique le sombre soit venu, il me semble que je l'aperçois là-bas sous mes pieds. Encore quelques coups de talons, et nous trouverons ce qu'il nous faut.

Ils arrivèrent véritablement, quelques minutes après, à la carrière, où les chaufourniers leur donnèrent place sous l'appentis et devant un feu qui les sécha, en un clin d'œil, depuis les oreilles jusqu'à la cheville. Seulement l'orage continuait, et il leur fallut prendre patience. Ils avaient lié conversation avec les carriers, qui, au moment où l'on apporta la soupe, donnèrent des cuillères aux deux pélerins attardés.

La réfection arrivait à point, car la route avait aiguisé l'appétit du jeune gars. Fasie s'aperçut du plaisir avec lequel il approchait de la terrine fumante.

— Eh bien ! m'est avis que nous avons mieux fait de gagner la ravine que le petit bois de peupliers, dit-elle en clignant de l'œil.

— C'est affaire à vous, mère Fasie, répliqua Simon presque respectueusement ; vous en savez plus que nous autres, et il faut suivre vos commandements.

La soupe mangée, il faisait nuit close ; mais l'orage ne grondait plus que dans les lointains ; la vieille paysanne déclara qu'il était temps de repartir, et, après avoir remercié leurs hôtes, tous deux se remirent en route.

Le ciel était resté couvert ; il y avait dans l'air une bruine qui empêchait de distinguer devant soi ; quelques étoiles se montraient seulement de loin en loin , à moitié noyées dans le brouillard.

La paysanne et le jeune gars arrivèrent au marais des Fonceaux qu'il fallait traverser.

Simon connaissait l'endroit d'ancienne date. Il chercha la vieille chaussée que le temps avait enfoncée dans le marécage, mais qui, bien qu'enterrée sous les joncs, formait un chemin solide au milieu des chemins mouillés. La petite maison, bâtie à l'autre bout des Fonceaux, servait d'indication pour reconnaître la route.

Il aperçut au loin sa lumière et se dirigea sur elle ; mais dès les premiers pas il sentit qu'il s'enfonçait dans la *mollière*. Il releva la tête ; la lumière était à sa droite ! Il inclina de ce côté, crut avoir enfin trouvé la chaussée, et avança de nouveau. Cette fois il entre dans l'eau jusqu'aux genoux ! Étonné, il regarda encore vers l'autre rive du marais ; la lumière était passée à sa gauche ! Il lui sembla même qu'elle voltigeait le long de la berge comme pour le railler : aussi resta-t-il un pied dans les joncs, tout penaud et saisi.

Fasie, qui l'avait jusqu'alors regardé faire, appuyée sur son bâton, éclata de rire.

— Eh bien ! voilà-t-il pas mon pauvre gars tout *assotté*, dit-elle ; tu n'as donc pas reconnu le follet, grand *jodane* ? (1)

— Le follet ! répéta Simon un peu effrayé (car il avait, sur le *feu des eaux*, les idées qu'on lui avait données à la veillée) ; je le prenais pour la lumière de la maisonnette du garde ! Mais, par le vrai Dieu ! si celle-ci ne brille pas, comment allons-nous reconnaître notre chemin ?

— Nous regarderons les lumières du bon Dieu, qui luisent toujours à leur place, dit la vieille, en montrant la grande étoile polaire.

Et elle remonta vers la droite sans hésiter, et atteignit la chaussée qu'ils suivirent jusqu'à l'autre bord.

Simon s'émerveillait de plus en plus. Tout ceci le confirmait dans ses idées sur la Fasie, qui lui semblait avoir des lumières au-dessus de son ap-

(1) *Jodane*, nigaud, en patois.

parence, et il pensait en lui-même que la vieille ressemblait bien moins à une pauvre paysanne qu'à une de ces puissantes fées dont il avait entendu raconter les histoires aux fileries d'hiver.

Cependant tous deux continuèrent leur route le long des friches, jusqu'à ce qu'ils eussent atteint le moulin Neuf, où Fasie engagea son compagnon à passer la nuit.

— Les chemins creux sont noyés à cette heure, lui dit-elle, tu n'arriveras chez les Hardi qu'après la minuit; tout le monde dormira : les gens qu'on réveille nous font souvent mauvais accueil. Reste au moulin, et à la *piquée* du jour je te mènerai aux Boulaies par les vrais sentiers.

— La proposition est grandement raisonnable, répondit Simon; mais il reste à savoir si le meunier, que je ne connais point, me donnera volontiers de quoi dormir jusqu'à demain.

La Fasie fit un petit rire d'assurance moqueuse, et, sans répondre, s'avança vers la planchette du moulin, passa le *fare* d'eau et alla frapper à la porte, comme eût pu faire la maîtresse du logis.

Un garçon vint tirer la barre. En reconnaissant la vieille, il lui fit grand accueil, appela le maître qui arriva en toute hâte, tira son bonnet comme il eût fait à une dame de la ville, et cria à sa femme d'apporter du maître cidre avec la miche de froment.

La Fasie recevait toutes ces politesses sans en paraître étonnée; elle présenta son compagnon en disant qu'ils venaient coucher tous deux au moulin, ce dont le maître du logis les remercia; puis elle s'informa de ce qui s'était passé depuis sa dernière visite. Le meunier lui rendit compte, et raconta tout avec détail. La Fasie donna des conseils d'un ton qu'on eût pris pour des commandements; elle parla de réparer les vannes qui laissaient perdre l'eau, dit ce qu'il fallait faire pour la chevaline qui se trouvait un peu alanguie, et promit d'envoyer une nouvelle espèce de canards qui nicheraient sur la rivière.

Après souper, on conduisit Simon au lit du

premier garçon de meules, où il dormit d'un somme jusqu'au matin.

Avant de partir, la meunière lui servit une soupe, et le meunier le força de boire un petit verre de cognac, ce qui l'anima pour la route.

La vieille Fasie avait laissé son panier au moulin, et voulut reprendre un de ses paquets. Après avoir suivi pendant quelque temps les brandes, ils gagnèrent les terres de labour, et le toit des Boulaies se montra bientôt au penchant de la colline. Comme ils longeaient un pré dont les clôtures en fagotage avaient été renversées par le mauvais temps de la veille, ils aperçurent six belles vaches qui avaient quitté leurs pâtureaux et qui se vautraient dans l'herbe marécageuse. La Fasie s'arrêta.

— Vite, vite, mon gars, vire les bêtes, et reconduis-les à l'étable, s'écria-t-elle, sans quoi, avant deux heures, les Hardi n'auront plus que leurs peaux ! L'herbe du petit pré est de grande nuisance, et, pour en avoir mangé un tantinet, les bovines seront en mauvaise disposition pendant plusieurs jours.

Simon fit ce que la vieille lui commandait; il alla rassembler les vaches qu'il reconduisit à la ferme.

La fille du logis, qui traversait la cour, fut étonnée de les voir.

— Remerciez ce jeune gars, lui dit Fasie, il vient de faire sortir les bêtes du petit pré aux Bouleaux.

— Jésus ! c'est-il possible ! s'écria Annette saisie. Que le bon Dieu vous récompense pour un pareil service, jeune homme ! S'il était arrivé malheur, la chose fut retombée sur moi, car les bovines me sont confiées ; mais j'ai si grand souci en tête que je ne sais à qui aller.

— Y a-t-il quelque malade aux Boulaies ? demanda Fasie.

— Eh ! mon doux Sauveur ! vous ne savez donc pas ? reprit la jeune fille ; voilà plus de trois semaines que la fièvre secoue le petit frère Henriot, et, pour le moment il est quasi trépassé.

En parlant ainsi, la jolie Annette avait de grosses

larmes dans les yeux, et, afin de les cacher, elle reconduisit le bétail à l'étable.

Simon entra au logis ; mais le maître était absent jusqu'au surlendemain. On lui dit d'attendre son retour. Pour le moment, comme Annette était forcée de se rendre à la ville afin de porter le lait du maître, et que le reste de la maisonnée allait aux champs, il proposa de garder le petit Henriot. La jeune fille le remercia de son humanité ; elle le conduisit près de l'enfant qui peinait d'ahan et paraissait en triste état. Après avoir expliqué ce qu'il fallait lui faire, Annette partit le cœur bien gros et les yeux rouges.

Il y avait environ une demi-heure que Simon était près du malade, quand il vit entrer la Fasie avec un grand pot dans lequel fumait une tisane faite d'une petite herbe qu'elle venait de cueillir sur les fossés. Elle dit au gars de la donner à boire au malade, en lui montrant la plante pour qu'il pût renouveler le remède au besoin ; puis, prenant congé elle lui recommanda le zèle et la patience.

Simon exécuta si bien les ordres donnés, que, quand Annette revint du marché, le petit Henriot était sur son séant, l'œil grand ouvert, et quasiment près de sourire ! Le soir, il était encore mieux, et, grâce à la tisane, le mal guérit tout doucement.

Lorsque Hardi fut de retour, Annette ne manqua pas de lui dire ce qu'avait fait le gars pour le petit frère et pour les bovines.

Je crois, dit-elle, que le jeune homme a de l'attention, de la science et de la bonté. S'il est toujours aussi profitable au logis qu'il l'a été ces jours-ci, ce sera pour vous, notre maître, un grand secours et un vrai trésor.

— Nous verrons ça, répondit le père Hardi, qui n'aimait point à se prononcer sur les gens avant de les avoir essayés. Mais, malgré tout, ce qu'avait dit sa fille le mit en bonne disposition, et il accorda à Simon de meilleurs gages qu'il ne comptait.

Le jeune homme répondit, du reste, à tout ce qu'on avait espéré de lui. C'était un rude travailleur, et dont les conseils tournaient toujours à l'avantage

des Hardi. Pour dire la vérité, ces conseils lui étaient
le plus souvent soufflés par la vieille Fasie, qui
passait toutes les semaines aux Boulaies, et qui ne
manquait guère de lui donner quelque bon avertissement. Tantôt c'était une précaution à prendre contre un mal qui travaillait les ouailles du pays,
tantôt une observation sur les grains ou sur les four-
rages. Un jour, elle l'avait prévenu que la pluie
de vingt jours allait prendre ; Simon s'était hâté
de faire ramasser les blés, et la récolte avait été
sauvée, tandis que celle des voisins germait sur
les sillons. Une autre fois, elle était accourue en
disant que la grande meule de foin s'était échauffée
et allait prendre feu ; et, de fait, quand le gars
était arrivé avec les gens de la ferme, il l'avait
trouvée fumant comme un four à briques !

La vieille laissait au jeune homme tout le mérite
de ces services rendus, de sorte que les Hardi le
prenaient plus à gré chaque jour.

Annette surtout le préférait à tous les jeunes
gens du canton. Elle avait refusé déjà plusieurs

riches prétendants sans donner le véritable motif. Simon l'avait deviné, et il ne se sentait pas moins d'amitié pour la jeune fille que la jeune fille pour lui ; mais comme elle était riche et bien apparentée, il ne pouvait espérer d'être accepté pour gendre, ce qui lui causait un grand crève-cœur.

La vieille Fasie, qui s'aperçut de son chagrin, en devina la cause. Un jour qu'il revenait du labour, sa bêche sur l'épaule, elle l'arrêta près du pignon de la ferme, et lui dit brusquement qu'elle savait bien ce qui le rendait langoureux depuis quelques mois.

— Tu trouves que le nom de Hardi ne va pas bien à la belle Annette, ajouta-t-elle, et tu voudrais le lui faire troquer contre celui de Simon.

— Sur votre salut ! parlez plus bas, s'écria le jeune gars effrayé.

— Pourquoi cela ? dit-elle.

— Parce que si l'on vous entendait, je pourrais être chassé des Boulaies.

— Tu crois ! Eh bien, alors, mon gars, il faut

que tu t'expliques sans plus attendre. Annette est
portée d'amitié pour toi ; si vous ne devez pas être
l'un à l'autre, il ne faut point laisser grandir cette
bonne volonté des deux parts ; montre donc que tu
es un honnête garçon.

— Je ne demande pas mieux, la Fasie ; que dois-
je faire pour cela ?

— Tu vas aller de ce pas trouver la mère Hardi
qui est dans la grange ; tu lui annonceras qu'il te
faut quitter les Boulaies, et comme elle t'en deman-
dera le motif, tu le lui diras bravement.

Simon fut un peu effrayé de l'expédient, mais
la vieille paysanne lui déclara que c'était son seul
moyen, et comme il sentait, au fond, qu'il y avait
là un devoir de conscience, il se décida.

A la première annonce de son départ, la mère
Hardi s'exclama bien haut, ainsi qu'on devait s'y
attendre ; mais il avoua alors la vraie cause de sa
résolution, et la paysanne s'arrêta court. On ne
peut dire qu'elle n'y eût jamais pensé, seulement
son idée ne s'était point arrêtée sur la chose. Quand

elle eut écouté toutes les raisons du jeune gars, elle lui dit d'un ton d'amitié, que ce qu'il venait de faire augmentait la considération qu'elle avait toujours eue pour lui; qu'elle ne pouvait rien répondre, parce que c'était au maître de décider; mais que le soir même elle voulait lui en parler.

A peine Simon fut-il sorti de la grange, que la jeune fille, qui coupait des racines dans le petit retrait voisin et qui avait tout entendu, sortit de sa cachette et vint toute pleurante s'asseoir près de sa mère. Les deux femmes eurent une longue conversation, à la suite de laquelle la mère Hardi alla trouver son mari. Celui-ci amena Simon au champ dès le lendemain, et après lui avoir fait répéter tout ce qu'il avait dit la veille à sa femme, il lui déclara, en lui serrant la main, qu'il ne demandait pas mieux que de devenir son beau-père.

Les noces se firent en grande réjouissance, et Simon y invita la mère Fasie, malgré les observations de quelques parents, qui craignaient que la vieille ne portât malheur au jeune ménage. Au moment où elle allait repartir, le jeune gars lui présenta un joli panier tout neuf garni de provisions, avec une cape de drap qu'il la priait d'accepter en reconnaissance de ce qu'elle avait fait pour lui.

— Je sais bien que vous n'en avez nul besoin, mère Fasie, dit-il avec un respect un peu craintif, car j'ai vu que tout obéissait à votre volonté.

— C'est-à-dire que, toi aussi, tu me crois sorcière, répondit la vieille en riant.

— Je crois que Dieu vous a donné plus de pouvoir qu'aux autres, répliqua timidement Simon; mais je sais par moi-même que vous ne l'employez qu'à faire le bien.

— Tu as raison, dit la vieille plus sérieusement; c'est grâce à ce pouvoir que tu m'as vue reconnaître ma route pendant la nuit, deviner que le tonnerre allait tomber sur les peupliers, te conduire à la carrière des chaufourniers, obtenir un souper et un abri chez le meunier qui est mon débiteur et mon obligé; faire sortir le bétail du pré nuisible; donner une tisane bienfaisante à l'enfant, et prévoir une maladie ou le mauvais temps ; mais tu te trompes quand tu crois que je le tiens de Dieu en présent particulier ; Dieu ne m'a donné que ce qu'il donne à toutes ses créatures ; seulement, je m'en suis servie avec plus de soin et de volonté. On fait bien de dire que je suis la dernière fée du pays ; mais on devrait ajouter que mon nom est l'EXPÉRIENCE !

L'INCOGNITO.

DEUXIÈME RÉCIT.

L'INCOGNITO.

Le prince Georges, destiné à régner sur la Moldavie, venait d'achever un de ces tours d'Europe par lesquels les héritiers présomptifs modernes complètent leur éducation politique. Malheureusement, dans ce voyage à travers les cours, où chaque étape avait été pour lui une ovation officielle, le jeune prince n'avait pu voir, des hommes et des choses que ce qu'on lui en avait montré, c'est-à-dire ce qui pouvait lui plaire, et non ce qui pouvait l'instruire. Son précepteur, Marco Aski, un de ces *Fanariotes* dont le principe est que pour avancer vite il faut marcher à genoux, l'avait soigneusement entouré de tout ce qui pouvait carresser son orgueil. Le prince avait beau changer de lieu, il semblait emporter avec lui son atmosphère de mensonge et de flatterie. Cependant la nature l'avait assez heureusement doué pour que la sincérité des bons désirs eût résisté à cette fatale éducation. En lui présentant la vie sous une fausse apparence, on ne lui avait point enlevé la faculté de voir; trompé sur la vérité, il conservait la volonté de la connaître. Au fond, son aveuglement n'était que de l'ignorance; il s'agissait seulement d'enlever l'espèce de cataracte dont les courtisans avaient voilé son esprit.

La nouvelle de la mort de son oncle, qui lui laissait l'autorité souveraine, était venue le chercher en Grèce, dernière station de son pèlerinage, et il s'était hâté de reprendre la route de la Moldavie en remontant le Danube. Il avait seulement laissé derrière lui ses gens et ses bagages, n'emmenant que son précepteur, avec lequel il voyageait incognito.

Tous deux venaient de s'arrêter dans une petite auberge située au bord du Pruth, et Marco Aski

communiquait au prince le résultat des renseigne-
ments qu'il avait pris sur les moyens de continuer
leur route. La dernière chaise de poste était partie
une heure avant leur arrivée ; aucune barque par-
ticulière ne se trouvait à louer ; et, à moins de se
résigner à une attente qui pouvait se prolonger, il
ne restait d'autre ressource que le bateau public
remontant tous les jours le fleuve avec les voyageurs
que fournissaient les deux rives.

Eh bien, nous prendrons le bateau public, dit le
prince ; je tiens à éviter les moindres retards. Cette
voie me paraît d'ailleurs la plus commode.

— Sa Seigneurie a saisi, avec sa perspicacité ha-
bituelle, tous les avantages que présente le voyage
par eau, dit Marco, dont le sourire obséquieux ap-
plaudissait aux moindres paroles et aux moindres
gestes de son élève ; mais il me reste à lui signaler
de graves inconvénients. Il n'y a dans le bateau
qu'une seule cabine ; Sa Seigneurie va se trouver
confondue avec tous les voyageurs.

— Qu'importe ! Vous oubliez toujours notre in-

cognito, Aski, et vous finirez par le faire deviner à
tout le monde. Je ne puis obtenir que vous m'appe-
liez simplement Georges.

—Pardon, dit le précepteur; mais s'il m'était per-
mis de me justifier, je dirais que ce n'est point seulement ma faute. Sa Seigneurie a un air qui ne permet
point d'oublier son rang, et, à vrai dire, j'ai bien peur
que tout le monde la reconnaisse. Son costume vul-
gaire ne peut lui ôter son extérieur de prince. Tout à
l'heure encore j'entendais l'aubergiste s'extasier sur
la beauté de ses traits et la distinction de ses manières.

— L'aubergiste aura vu que vous l'écoutiez, dit le
prince gaiement, et il a voulu vous être agréable; mais
soyez sûr qu'il portera cette flatterie en compte sur
le mémoire.

— En vérité, rien n'échappe à Sa Seigneurie!
s'écria Marco avec admiration; elle lit jusqu'au fond
des âmes.... Porter des éloges sur un mémoire!....
voilà un des mots les plus spirituels que j'aie jamais
entendus; s'il était connu à Paris, il serait demain
dans tous les journaux.

— De grâce ! assez, Marco ! interrompit le jeune prince, vous avez pour moi une indulgence qui ressemble singulièrement à de l'aveuglement. Quand doit arriver le bateau ?

— Dans une heure. J'ai oublié d'avertir Sa Seigneurie que l'hôtelière m'a donné quelques inquiétudes sur la navigation du Pruth. Il paraît qu'il y a, depuis un mois, des bandits de rivière qui ont dévalisé quelques barques... sans parler d'un naufrage tout récent.

— Allons, vous voulez m'effrayer, Aski.

— Je n'ai point de prétentions à l'impossible, et le courage de Sa Seigneurie m'est trop connu... j'ai cru seulement devoir lui dire toute la vérité. Sa Seigneurie sait bien, du reste, que je suis prêt à la suivre, fût-ce en Sibérie ; elle n'a qu'à prononcer le *Sic volo, Sic jubeo...*

— Eh bien, vous n'achevez pas ? reprit le prince ; continuez le vers ; dites : *Sit pro ratione voluntas ;* « Que votre volonté tienne lieu de raison. » Triste raison, Aski, et dont j'espère ne jamais me contenter.

Marco fit un geste d'émerveillement.

— Sa Seigneurie me permettra au moins d'admirer comme elle se rappelle son latin.

— C'est vous qui me l'avez enseigné, Aski, comme tout le reste.

— Aussi suis-je fier de mon œuvre ; et j'ose dire que Sa Seigneurie n'est pas moins au-dessus des autres hommes par son instruction que par sa naissance.

— Voici le bateau, interrompit le prince ; réglez vite avec l'aubergiste ; dans dix minutes nous serons en route.

Marco s'empressa d'obéir, tandis que son ancien élève l'attendait sur la rive.

Bien que l'habitude de s'entendre louer eût donné à ce dernier une opinion favorable de lui-même, il avait assez de bon sens et de sincérité pour remettre parfois en question la réalité de ses mérites. Les éloges que son ancien précepteur venait de faire, coup sur coup, de sa beauté, de sa distinction, de son esprit, de son courage et de son instruction, le laissaient un peu incertain : non qu'il n'eût aimé à se croire toutes ces supériorités ; mais il sentait le besoin de les constater par l'expérience. Le voyage qu'il allait faire sur le Pruth était une occasion favorable. Inconnu de tous, il se trouverait recommandé par sa seule valeur personnelle, et saurait enfin la vérité sur lui-même. Il ordonna de nouveau à Aski, et sérieusement cette fois, de ne rien faire qui pût le trahir, et monta avec lui sur le bateau, qui reprit aussitôt sa course vers le haut du fleuve.

Les passagers étaient nombreux et semblaient appartenir à toutes les classes. Il y avait des laboureurs, des marchands, de riches propriétaires, un vieux militaire allemand, et quelques jeunes filles de différentes conditions. Le prince en remarqua une dont la beauté vive et les manières enjouées le frappèrent. Plusieurs passagers s'étaient approchés d'elle l'un après l'autre pour lier conversation et en avaient fait insensiblement la reine d'une sorte de petite cour, où la gaieté semblait avoir élu domicile. Le prince Georges s'approcha à son tour pour y trouver place; mais, contrairement à l'habitude, on ne prit point garde à lui. Il voulut parler, son voisin l'interrompit ; il essaya un trait d'esprit, personne ne se crut obligé même de sourire. D'abord un peu surpris, notre Moldave se sentit piqué de cette indifférence inattendue, et voulut s'en venger par des épigrammes ; mais la jeune fille les releva avec une finesse si amusante et si gracieuse, que tous les rieurs se tournèrent contre le plaisant malencontreux. Le prince étourdi fut obligé de tourner sur ses talons et de battre en retraite vers une villageoise qui avait écouté de loin le débat et ri, comme les autres, à ses dépens.

— Asseyez-vous là, mon pauvre innocent, dit la grosse femme en lui faisant place ; vous avez trouvé plus fort que vous, mais faut pas que ça vous tourmente ; l'esprit, c'est comme le velours, il n'y en a pas pour tout le monde ; seulement, on doit savoir se rendre justice, et ne pas chercher chicane à ceux qui ont des sabres d'acier quand on n'a qu'un sabre de bois.

Georges regarda la bourgeoise campagnarde avec un étonnement mêlé d'humeur ; elle se pencha vers lui en clignant l'œil.

— Vous ne savez pas pourquoi la petite vous a si malmené, continua-t-elle, sans remarquer son air scandalisé, c'est que vous avez plaisanté le jeune Morave assis à sa droite ; c'est son fiancé, et nous autres femmes nous ne laissons pas toucher à ceux que nous aimons.... surtout quand ils sont aussi beaux que celui-là.... Ah ! dame ! vous n'étiez pas brillant tout à l'heure auprès de lui, mon pauvre chéri ! Je suis sûr que vous êtes un bon garçon ; mais lui, il a l'air d'un prince.

Georges se leva brusquement pour aller rejoindre Marco et le vieil officier allemand, avec lequel il se mit à causer ; mais il se trouva avoir affaire à un de ces érudits pointilleux qui, sachant tout au juste, ne laissent passer aucune inexactitude. Au bout de quelques minutes, le vieux militaire avait relevé, dans la conversation de son interlocuteur, trois erreurs d'histoire, autant de fautes contre les principes de la physique, et je ne sais combien de solécismes dans le langage. Le prince impatienté rompit l'entretien; mais en partant il entendit l'Allemand communiquer à Aski ses doléances sur le manque d'instruction des jeunes gens.

Jusqu'ici l'expérience lui avait été peu favorable. Les opinions du précepteur sur sa distinction, son esprit, sa science et sa beauté, ne semblaient pas faire beaucoup de prosélytes. Il trouva la leçon plus rude qu'il ne s'y était attendu, et ne put se défendre de quelque dépit. Descendre d'un piédestal est toujours une opération pénible et délicate, même pour les plus modestes : aussi notre Moldave vint-il s'asseoir près de la proue, d'assez triste humeur.

La nuit commençait à s'étendre sur le fleuve, dont les rives désertes ne se dessinaient plus que vaguement. La plupart des voyageurs avaient quitté la cabine, attirés par la fraîcheur du soir. Le bateau venait d'entrer dans un bras resserré entre deux îles dont les arbres interceptaient les dernières lueurs du ciel. On arrivait au passage le plus étroit, lors-

que trois nacelles sortirent des fourrés de saules qui
s'étendaient des deux côtés, et se dirigèrent rapide-
ment vers le bateau. Au moment où le patron les
aperçut, il poussa un cri d'avertissement :

— Les bandits de rivière!

Mais il n'avait pas achevé que les barques abor-
daient et qu'une douzaine d'hommes se précipitaient
sur le pont.

Il y eut, parmi les passagers, un moment de con-
fusion et d'épouvante dont les pirates profitèrent pour
dépouiller les plus opulents de leurs meilleurs vête-
ments et de leurs bijoux. Ils commençaient déjà à
faire main-basse sur les bagages entassés à l'entrée
de la cabine, lorsque le jeune Morave, qui y était
resté avec sa fiancée, sortit brusquement le sabre à
la main, en excitant ses compagnons à se défendre.
Le prince, d'abord étourdi, comme tout le monde,
entendit son appel et le répéta en se jetant sur l'un
des bandits. Leur exemple fut suivi par les mariniers,
puis par les voyageurs ; si bien qu'après une mêlée
de quelques instants, les pirates vaincus regagnèrent

précipitamment leurs barques et disparurent à force de rames.

Le combat avait été vif, mais assez court pour qu'il n'y eut aucune mort à déplorer ; tout se bornait à quelques blessures. Celle que le prince avait reçue au bras, sans être dangereuse, lui faisait perdre beaucoup de sang. La fiancée du jeune Morave s'occupait de la lui bander avec son mouchoir, quand le précepteur, qui avait disparu dès le commencement de la bagarre, sortit avec précaution, d'une natte roulée qui servait de tente pendant le jour, et l'aperçut qui venait de se faire panser.

— Grand Dieu ! Sa Seigneurie est blessée ! dit-il.

— Ce n'est rien, répliqua le prince en souriant ; mais d'où diable sortez-vous, Aski ?

Au lieu de répondre, le précepteur se précipita vers lui avec des exclamations de désespoir.

— Quoi ! les misérables ont osé lever les mains sur Sa Seigneurie ! s'écria-t-il ; Sa Seigneurie est couverte de sang. Vite, pilote, abordez au premier village ! Des remèdes, un médecin ! C'est le prince

Georges, messieurs, songez que vous répondez des jours de votre souverain !

Il s'éleva dans le bateau, à cette déclaration, un cri général de surprise, qui fut suivi d'un silence plein de respect. Tous les voyageurs s'étaient écartés en se découvrant ; Marco Aski s'approcha les mains jointes et les yeux tournés vers le ciel.

— Aussi, c'est la faute de Sa Seigneurie ! s'écria-t-il ; elle n'a voulu écouter que son courage ; quand tout fuyait, elle a seule tenu tête aux bandits, et c'est à elle que nous devons notre délivrance !

— Vous vous trompez, Marco, interrompit le prince sévèrement ; j'ai d'abord cédé à la frayeur, comme tous les autres.

Puis, prenant par la main le jeune Morave :

— Voilà celui qui a combattu le premier, et dont la fermeté nous a servi d'exemple, dit-il avec expansion ; il vient de prouver qu'il avait droit au premier rang pour le courage comme pour tout le reste. Le souvenir de cette journée restera à jamais dans ma mémoire : elle m'a appris ce qu'était, au juste, un prince réduit à lui-même. Une jolie fille m'a guéri des prétentions à l'esprit, un vieil officier m'a prouvé mon ignorance, un brave étranger m'a surpassé en courage, et une prudente matrone m'a avoué que j'avais simplement l'air d'un bon garçon. Désormais je me le tiendrai pour dit; je tacherai de conserver mes droits à ce titre, et je n'oublierai jamais la leçon que je dois à l'*incognito*.

TROISIÈME RÉCIT.

—

LE CHIEN DE TOBIE.

Plusieurs bergers écossais étaient arrêtés sur le sommet d'une colline, causant de la prochaine tonte des moutons et de la vente des laines à Edimbourg. La nuit allait venir ; son ombre commençait déjà à envelopper les *glens* (1) solitaires qui entrecoupent les montagnes. Tout à coup, un son de trompe se fit entendre, et tous les yeux se tournèrent vers un coteau voisin, où venait de paraître un Highlander accompagné d'un chien qui chassait devant lui son troupeau.

(1) Nom que les Ecossais des montagnes *(Highlanders)* donnent aux petits vallons des hautes-terres.

— Voyez, dit un des interlocuteurs, qu'à son costume il était facile de reconnaître pour un habitant des *borders* (1), comme la bête conduit seule les moutons. Par le Christ! mes compères, chacun de vos chiens fait ici la besogne de dix bergers, et sans eux toutes vos bruyères ne vaudraient pas trois schellings. Vous devriez remercier Dieu tous les jours de vous avoir donné de tels serviteurs.

— Il faut remercier Dieu même quand il nous châtie, fit observer le plus vieux des Ecossais; mais il y a deux côtés à toutes choses, monsieur Thompson; s'il est des chiens qui nous servent, il en est d'autres qui nous ruinent.

— Lesquels?

— Ceux des *pillards.*

— Tout ce que l'on raconte de ces voleurs de moutons est-il bien vrai? demanda le premier; et vous sont-ils si nuisibles?

— Demandez à Steel et à Dickins, qui ont perdu cet hiver près de cent têtes de bétail.

(1) Terres des Frontières,

— Mais, où se cachent donc ces *pillards*?

— C'est ce que l'ennemi de Dieu pourrait vous dire mieux que moi, monsieur Thompson. Cependant vous n'êtes point sans avoir rencontré quelquefois, je présume, le long des bruyères, des étrangers montés sur de petits chevaux à longs poils et suivis d'une chienne noire...

— En effet, mais je ne leur ai jamais vu de brebis.

— Il serait trop facile de les découvrir, s'ils marchaient en compagnie de leur butin. Ils envoient leurs chiennes sur les coteaux : elles rassemblent tous les moutons qu'elles trouvent sans gardiens, les poussent devant elles, en ayant soin d'éviter les *glens*, et les conduisent à plusieurs milles, dans quelque lieu désert indiqué par le maître pour le rendez-vous.

— Mais ces chiennes ont donc une intelligence humaine?

Le berger secoua la tête :

— Vous ne dites pas assez, monsieur Thompson; elles ont l'intelligence de celui qui a mangé le fruit de l'arbre de la science du bien et du mal : aucun de nous ne pourrait amener son chien à faire la même chose.

Un jeune homme, qui avait jusqu'alors gardé le silence, sourit à cette assertion du vieillard.

— John Scott aime mieux admettre l'intervention du démon que la puissance de la volonté humaine, dit-il.

— Parce que je connais par expérience la vanité de nos volontés, répliqua John ; mais toi, enfant, tu crois possible tout ce que tu veux !

Et je l'ai prouvé, ajouta le jeune homme.

— Prends garde, Tobie, prends garde, reprit Scott ; c'est l'orgueil qui a perdu le premier homme.

— Soit ; mais il est certain qu'un bon dresseur peut tout obtenir de son chien.

— Excepté ce qu'en obtiennent les *pillards*, répliqua John.

Les autres bergers se joignirent à lui pour affirmer la puissance surhumaine des voleurs de moutons ; Tobie haussa les épaules.

— Oh ! il ne cédera pas, dit John Scott ; Tobie ne croit que ce qu'il désire trouver vrai.

— Il tient à sa réputation, ajouta un autre ; il veut passer pour meilleur dresseur que Satan lui-même.

— Que ne se fait-il *pillard ?* demanda un troisième.

— Qu'il essaye à dresser une chienne noire ! reprit le premier.

— Adieu ! Tobie le tout-puissant !

— Bonsoir, Tobie le sorcier.

Les bergers s'en allèrent avec le fermier Thompson, en éclatant de rire.

Tobie ne répondit rien ; il demeura à la même place, appuyé sur son bâton de cytise, jusqu'à ce qu'il les eût vus disparaître dans l'ombre : il se redressa alors.

— Nous verrons ! nous verrons ! murmura-t-il d'un accent blessé.

Et rejetant sur son épaule son plaid de tartan, il siffla son chien, et prit une route opposée à travers les bruyères.

Mais les moqueries de ses compagnons lui étaient restées sur le cœur. Tobie n'avait rien, malheureusement, de cette humilité qui fait ici-bas les heureux. C'était un esprit vain, audacieux, et jaloux de tout soumettre à sa volonté. Il suffisait de dire d'une chose : *Cela est impossible,* pour qu'il la tentât sur-le-champ. Peu lui importait le but; ce qu'il désirait, c'était la victoire d'une difficulté. Une fois, on avait dit devant lui :

— Les bergers de Crawfort se réunissent demain à New-House; il serait dangereux à ceux de Tiertine d'y aller.

Le lendemain, Tobie, qui était de Tiertine, était, avant le jour, à Crawfort, d'où on le rapporta, deux heures après, à demi-mort.

Une autre fois, quelqu'un ayant prétendu que nul de la paroisse n'oserait manquer à l'office le dimanche des Rameaux, ni garder son chapeau devant le curé, Tobie avait affecté de ne point aller à l'église, et de refuser le salut au pasteur. Toute sa vie il avait ainsi bravé les lois établies pour tous. En vain John

Scott, qui l'aimait pour l'avoir fait danser sur ses genoux quand il était tout petit, lui répétait-il sans cesse :

— N'essaye pas ce qui est difficile, mais ce qui est bien, Tobie.

Le jeune berger méprisait les conseils du vieillard.

Plusieurs mois s'étaient écoulés depuis la conversation que nous avons rapportée plus haut; Tobie, Wilkie et quelques autres bergers se trouvaient réunis sur la même colline, lorsque John Scott y arriva haletant.

— Les *pillards* sont venus! s'écria-t-il.

— Les *pillards*? répétèrent les bergers.

— Ils m'ont enlevé près de cinquante moutons!

— Quand cela?

— Tout à l'heure.

Les bergers se récrièrent.

— C'est impossible! dirent-ils... à cette heure!... Êtes-vous bien sûr, John?

— Sûr! répéta le vieillard au désespoir. Le troupeau était complet ce matin quand je l'ai conduit à la lisière du petit bois; je n'ai point quitté le coteau, et cependant, quand j'ai voulu rassembler les brebis dispersées, la moitié manquait.

Les bergers se regardèrent.

— Jamais ils n'avaient osé pareille chose! dit Wilkie. S'ils nous volent maintenant en plein jour, sans que nous puissions nous en apercevoir, autant abandonner la montagne.

— Ainsi, demanda Tobie avec un étrange accent, le vol qui vient d'être fait vous semble plus hardi et plus adroit qu'aucun autre?

— Si adroit, que l'esprit du mal doit s'en être mêlé, fit observer Wilkie.

— C'est l'opinion de John Scott, je suppose, dit Tobie en souriant; car il a prétendu que nul homme ne saurait rendre un chien aussi habile que ceux des *pillards*.

— Et je viens d'en avoir une triste preuve, ajouta le berger désolé.

— Vieux Scott, dit Tobie en s'approchant d'un air délibéré, c'est Sirrah, mon élève, qui a tout fait.

Les bergers poussèrent une exclamation de surprise.

— Et dans ce moment, ajouta le jeune homme d'un air triomphant, vos cinquante moutons sont au gué de Blakhouse.

— Est-ce vrai? demandèrent Wilkie et les autres.

— Vous allez le voir.

Tobie les conduisit au lieu indiqué, où ils trouvèrent, en effet, Sirrah avec les brebis dérobées, qu'il avait forcées à se cacher dans le taillis. Tous demeurèrent stupéfaits.

— Eh bien! John, dit le jeune homme, crois-tu encore que le démon puisse seul instruire les chiens à voler des moutons?

— J'en ai peur, dit le vieux berger; car, certes, ce n'est point l'esprit de Dieu qui t'a inspiré, Tobie. Acquérir la puissance de faire le mal serait dangereux même pour les saints.

— Ah! j'attendais le sermon, s'écria Tobie en se tournant vers les bergers; il faut que le vieux se dédommage de s'être trompé. Mais, quand tous les versets de l'Écriture seraient contre moi, avoue au moins, vieux Scott, que je sais mon métier de dresseur de chiens, et que Sirrah vaut son prix.

— Aussi feras-tu sagement de le vendre à ton premier voyage hors du district, répondit le berger.

— Le vendre ! répéta Tobie ; pourquoi me priverais-je d'un si habile serviteur.

— Parce que les serviteurs corrompus nous induisent en tentation, répondit John.

Le jeune homme haussa les épaules.

— Allez, père Scott, dit-il avec mépris, à force de vieillir, votre esprit est devenu comme vos yeux ; de loin vous prenez une brebis pour une vache noire. Sirrah va vous ramener vos moutons.

A ces mots il siffla le chien, lui fit un signe, et celui-ci força le petit troupeau à rebrousser chemin.

Cependant Wilkie et les autres bergers ne manquèrent pas de dire ce qu'ils avaient vu. On répéta bientôt dans tout le district que Tobie avait un chien qui savait voler les brebis : on s'en émerveilla d'abord ; puis quelqu'un ajouta qu'heureusement Tobie était un honnête garçon.

— C'est dommage qu'il aime la dépense et les fêtes, continua un second.

— Et qu'il aille si rarement à l'église, ajouta un troisième.

— En tous cas, nous sommes avertis, et c'est à nous de tenir l'œil ouvert, dit un dernier.

La probité du jeune berger était déjà soupçonnée, par cela seul qu'on lui connaissait un moyen de dépouiller ses voisins.

Les vols nombreux qui se commirent l'hiver suivant augmentèrent ces soupçons ; Tobie en fut instruit et s'en indigna. John Scott l'engagea en vain à se défaire de Sirrah pour y mettre fin ; la vanité du jeune berger le poussa à braver les doutes injurieux qui s'étaient élevés contre lui : il affecta de se montrer partout avec Sirrah, et de lui faire exécuter, devant les bergers, tout ce qui pouvait donner une idée exagérée de son obéissance et de sa finesse.

Il sacrifiait ainsi, sans s'en apercevoir, sa réputa-

tion à son amour-propre ; car chaque preuve d'a-
dresse donnée par Sirrah augmentait la défiance
contre son maître. Bientôt les compagnons de ce
dernier l'évitèrent. Loin de s'expliquer avec eux,
Tobie accepta fièrement l'espèce d'isolement dans
lequel on le plongeait, et cessa de voir ceux qui ne
l'avaient point encore abandonné.

Il passait ses journées et une partie des nuits sur
la montagne avec son chien, triste, mais surtout
irrité de l'injustice des *Higlanders*. Si la solitude est
bonne aux cœurs simples, elle aigrit et déprave les
orgueilleux. Ne pouvant satisfaire leurs instincts
dans l'isolement, ils prennent en horreur ce monde
où ils voudraient être, comme le pauvre prend en
haine la vie du riche.

Ce fut ce qui arriva à Tobie. Il souhaita tous les
maux aux habitants des *glens* voisins, par cela seul
qu'il ne pouvait plus briller au milieu d'eux : or, de
souhaiter le mal à le faire il n'y a le plus souvent
qu'un pas. Tobie se demanda quel avantage il y avait
pour lui à demeurer honnête, puisqu'il était soup-

çonné. N'avait-il pas toute la honte des voleurs sans en avoir les profits ? Pourquoi ne point accepter en entier le rôle qu'on lui avait fait ? Il pouvait en même temps s'enrichir et se venger des injures reçues ; n'était-ce point folie de perdre une si heureuse occasion ?

A toutes ces questions, dictées par un orgueil blessé, les mauvaises passions répondaient en chœur. C'était d'abord la paresse, qui lui disait que le vol exemptait du travail ; la vanité, qui murmurait qu'il pourrait faire de la dépense et briller dans les villages ; la sensualité, qui lui présentait une table couverte de clairet et de pâtés de venaison. Tobie succomba à ces sollicitations tentatrices.

Un soir d'hiver, après avoir placé le troupeau de son maître à l'abri d'un petit bois et sous la garde de deux chiens, il monta donc son poney et se dirigea vers Stirling.

Le vent soufflait avec violence, et le jeune berger avait prévu qu'un *drift* (1) ne tarderait pas à tomber

(1) Tourmente de neige.

sur la montagne ; l'occasion ne pouvait être meilleure pour fuir sans être aperçu. Si la tourmente de neige éclatait dans quelques heures, comme tout l'annonçait, on ne manquerait point de lui attribuer, dans le premier instant, la disparition de Tobie et des moutons qu'il emmenait ; lors même que l'on découvrirait la vérité, les bergers auraient trop d'occupation pour songer à le poursuivre, et, une fois le *drift* passé, il serait hors d'atteinte.

Tobie, qui avait fait tous ces calculs, ne doutait point du succès. Sirrah était parti quelques heures auparavant pour *faire sa quête* de brebis sur les collines, et le jeune berger lui avait assigné un rendez-vous à une distance d'environ trois milles, dans un ravin escarpé et solitaire.

Il venait d'y arriver, lorsque le bruit d'un troupeau nombreux se fit entendre sur le versant opposé. Il s'avança de quelques pas, et aperçut, à la clarté des étoiles qui scintillaient dans un ciel gris et limpide, Sirrah poussant devant lui près de deux cents moutons de toute couleur et à toute marque.

A la vue de ce grand troupeau, dérobé à tous les *glens* de la montagne, Tobie se sentit saisi d'une sorte de terreur. Jusqu'alors son crime n'avait été, pour ainsi dire, qu'une mauvaise pensée, une intention ; sa réalité lui apparut pour la première fois comme s'il l'eût aperçu et touché. Tout ce qu'il y avait en lui de bons sentiments et de raison se réveilla. Il songea au châtiment qui le menaçait, à l'infamie dont il resterait couvert, aux dangers d'une fuite dont il ne pouvait prévoir tous les hasards ; il eut honte et peur à la fois.

— Non, se dit-il avec agitation, je ne veux point que l'on m'appelle Tobie le voleur.

Il pensa à retourner sur ses pas : mais on pouvait s'être déjà aperçu de son absence et de celle des brebis dérobées par Sirrah ; il était fatigué, d'ailleurs, de cette vie isolée ; les tentations pouvaient lui revenir, et il succomberait peut-être ; il valait mieux qu'il partît.

Cependant la neige commençait à tomber fine et serrée ; les cornes d'appel retentissaient dans la montagne. Tobie eut peur d'être surpris au milieu du troupeau volé; il appela à lui Sirrah, dispersa les brebis, qui prirent la fuite dans toutes les directions, et partit au galop pour éviter le *drift* qui approchait.

Il fit environ trois milles, descendant toujours vers la plaine, et uniquement occupé de mettre un long espace entre lui et le lieu où la pensée du crime lui était venue.

Cependant son cheval ruisselait de sueur et bronchait à chaque instant; craignant d'épuiser ses forces, il le laissa ralentir son pas.

Il suivait ainsi depuis quelque temps un chemin étroit et raboteux, lorsqu'il lui sembla entendre un bruit derrière lui. Il tressaillit à la pensée qu'il était poursuivi, et se pencha sur son poney pour lui faire prendre le galop; mais se ravisant tout à coup, il l'arrêta court et regarda en arrière.

La plupart des étoiles avaient disparu; la nuit était devenue sombre; il ne put rien apercevoir. Seulement il lui sembla que le bruit qu'il entendait n'était point un galop de cheval. Bientôt ce bruit s'approcha, devint plus distinct, et tout à coup, au détour du chemin, parut le troupeau de brebis volées que Sirrah poussait vigoureusement devant lui. Après le départ de son maître, le chien avait rassemblé de nouveau les moutons dispersés ; et les avait forcés à suivre le galop du poney ; ils étaient tous fumants, hors d'haleine et la langue pendante.

Tobie demeura glacé de surprise et d'effroi. Il se trouvait trop loin des *glens* pour pouvoir ramener les brebis; le *drift* enveloppait d'ailleurs déjà le sommet de la montagne ; il eût été dangereux d'y retourner. Les moutons étaient, selon toute apparence, perdus pour leurs maîtres ; mais il ne voulait pas, du moins, qu'on pût lui reprocher d'en avoir profité.

Il descendit de cheval, dispersa de nouveau le troupeau, attacha son chien à la queue du poney après l'avoir battu, et repartit.

Mais à peine avait-il fait un mille que Sirrah rompit son lien et disparut dans la nuit. Tobie ne douta point qu'il ne fut retourné vers les moutons : le poursuivre était incertain et dangereux ; il préféra l'abandonner.

Quittant donc brusquement le chemin qu'il avait suivi, il prit, à travers les bruyères, un sentier qu'il savait inconnu à Sirrah, passa deux ruisseaux afin de lui faire perdre sa piste, et arriva enfin, vers le jour, au village de Stirling.

Il entra dans l'hôtellerie très-fatigué, s'assit à une table écartée après avoir demandé de l'ale et du pain, et se mit à déjeûner tristement.

Tout à coup son nom prononcé à haute voix lui fit relever la tête; il reconnut Thompson et quelques autres habitants des basses-terres.

— Toi ici ! dit le fermier en lui frappant sur l'épaule; depuis quand as-tu quitté la patrie des moutons noirs pour celle des vaches blanches?

— J'arrive, répondit Tobie, contrarié de cette rencontre.

— Et comment as-tu laissé ton maître?

— Bien.

— Quand repars-tu ?

— Tout à l'heure.

— Vive Dieu ! il faut que tu me racontes, avant,

tout ce qui s'est passé dans les *glens* depuis que je n'y suis allé.

Tobie voulut refuser, mais le fermier le força à prendre place au milieu des joyeux compagnons qu'il régalait : c'étaient un marchand, un homme de loi, et quelques laboureurs voisins.

— Tu ne perdras rien au changement de table, dit le fermier en servant à Tobie une tranche de bœuf grillé ; tu n'es pas ici dans ta montagne, il faut vivre comme un chrétien.

— Je suis sûr que le garçon ne demande pas mieux, objecta le marchand avec un gros rire : les *Highlanders* sont sobres par la même raison qu'ils portent des jupons courts ; donnez-leur de la viande et du drap, ils mangeront du roast-beef et porteront des culottes.

— Il est de fait, reprit l'homme de loi, que les habitants des hautes-terres sont encore bien loin de la civilisation des peuples policés ; on peut dire qu'ils vivent *sicut animalium greges*. Leur état de barbarie est tel, qu'ils n'ont presque jamais recours aux tribunaux, et que parmi eux un homme de loi mourrait de faim.

— Et un homme de commerce n'y ferait point de meilleures affaires, ajouta le marchand ; ils fabriquent eux-mêmes ce qu'ils consomment, chose contraire à tous les principes de l'économie politique.

— Aussi, voyez comme ils sont vêtus, ajouta-t-il en montrant Tobie : un mauvais tartan dont les couleurs ont passé, une chemise de toile rousse et une méchante jupe. J'ai été longtemps avant de pouvoir m'habituer à cette mascarade.

— Je fais des affaires avec plusieurs montagnards, fit observer Thompson, et je n'ai jamais eu qu'à m'en louer.

— Sans doute, honnêtes, mais pauvres gens, répliqua le marchand d'un ton dédaigneux : ça se transmet le travail et la misère de père en fils, comme nous nous transmettons, nous, la fortune. Aucun moyen de s'enrichir chez eux ; tout ce que peuvent faire les deux bras d'un homme, c'est de le nourrir. Ce berger, par exemple, il est vigoureux et bien portant ; combien gagne-t-il chez son maître ?

Tobie indiqua le chiffre de ses gages ; le marchand haussa les épaules.

— Juste la moitié de ce que je paye à mon dernier garçon de magasin, dit-il.

— Allons, allons, ne le dégoûtez pas de son métier, reprit Thompson en riant. Un verre de porto, Tobie ; bois, mon garçon ! tu n'en retrouveras pas là-haut dans ton *glen*.

Le jeune berger vida son verre de mauvaise grâce. L'espèce de compassion qui lui était témoignée, et la comparaison que faisaient les convives de leur position à la sienne, l'humiliaient profondément. Il se sentait blessé à la fois dans son patriotisme et dans sa vanité ; mais il n'était point au bout. Les convives, animés par le vin et par cette espèce de haine que les habitants des *borders* ont toujours eue pour ceux des hautes-terres, n'étaient pas près d'abandonner un tel sujet.

— Ce qui m'étonne toujours, reprit le marchand après avoir vidé sa tasse, c'est que les *Highlanders* ne quittent point leurs bruyères pour chercher fortune ailleurs; car ce ne sont pas les occasions qui manquent. Encore aujourd'hui, par exemple, un de mes commettants fait une expédition pour l'Inde qui doit enrichir tous ceux qui en feront partie. Je lui ai déjà envoyé une vingtaine de garçons que je connaissais.

— Et les chances sont belles?

— Sûres, monsieur Thompson; chaque travailleur est entretenu aux frais de la compagnie, et doit revenir au bout de dix ans avec une rente de trente livres sterling.

— Mais quelles sont les conditions?

— Il faut être jeune, bien portant, et protestant.

Le fermier se tourna vers Tobie:

— Eh bien! dit-il, cela ne te tenterait-il pas?

— Lui, quitter les *glens!* interrompit l'homme de loi; fi donc! les *Highlanders* aiment trop leurs troupeaux; ils sont attachés à la queue de leurs moutons comme les enfants gâtés à la robe de leurs mères.

— Je suis prêt à prouver que monsieur se trompe,

dit séchement Tobie, s'il y a vraiment des avantages dans cette affaire.

Le marchand lui expliqua au long les conditions de l'entreprise, qui était excellente. Quand il eut fini, Tobie déclara qu'il était disposé à en faire partie.

— A la bonne heure, dit le marchand ; mais il faut une première mise de fonds pour l'achat du trousseau et des instruments d'exploitation : chaque travailleur doit posséder au moins trente guinées.

— Trente guinées ! dit l'homme de loi en éclatant de rire ; autant vaudrait demander à un *Highlander* l'explication des lois de la reine Anne !

Tobie rougit de colère et de dépit.

— As-tu cette somme ? demanda le marchand d'un ton péremptoire.

— Je dois avouer que je ne la possède point, dit Tobie avec embarras ; mais...

Il fut interrompu par l'aubergiste, qui lui annonça que son troupeau venait d'arriver à la porte de l'hô-tellerie.

— Mon troupeau ! s'écria Tobie.

— Eh oui, pardieu ! dit Thompson en regardant à travers les vîtres ; je reconnais ton chien.

Le jeune berger courut à la fenêtre, et aperçut en effet Sirrah, qui avait de nouveau réuni une partie des moutons, et suivi sa trace à travers les sentiers non frayés.

Il éprouva d'abord une stupeur impossible à rendre. Cette fois la chose était irréparable : qu'il gardât ou non le troupeau que lui amenait Sirrah, le vol était constant, accompli, et pouvait être constaté par témoins. Il avait tout fait pour échapper au crime ; mais maintenant il était commis malgré lui, et il ne restait plus qu'à décider s'il devait en profiter ou non.

La tentation était trop forte ; et quand l'homme de loi lui demanda à qui appartenaient ces brebis, il répondit avec une résolution désespérée :

— A moi.

— A toi ! répéta Thompson, tu as donc hérité de ton oncle ?

— J'en ai hérité, répondit le berger.

— Et qui t'empêche alors de les vendre et de
partir pour l'Inde? fit observer le marchand.

— En effet, dit Thompson, je puis te débarrasser
de ton troupeau.

— Et vous le payerez comptant?

— Comptant.

— Soit, dit Tobie.

Tous deux descendirent pour voir les moutons,
et rentrèrent au bout d'une heure; le marché avait
été conclu.

— Maintenant, dit Tobie au marchand, envoyez-
moi à Londres; j'ai l'argent nécessaire, et je veux
quitter le pays.

Il partit, en effet, le soir même. Mais le *drift*
n'avait duré que quelques heures dans la montagne, et le vol des brebis avait été bientôt découvert;
Tobie fut dénoncé, poursuivi, et arrêté au moment
où il s'embarquait pour l'Inde.

On le renvoya en Ecosse où son procès fut instruit,
et où, selon la rigoureuse loi du pays, il fut con-
damné à être pendu.

Au moment où sa condamnation fut prononcée, John Scott, qui avait été appelé en témoignage, joignit les mains douloureusement, et deux larmes vinrent à ses paupières.

— Hélas! Tobie, murmura-t-il, je te l'avais bien dit qu'il ne faut point essayer le mal même en jouant, et que les serviteurs corrompus nous induisaient en tentation !

LE VENTRILOQUE.

QUATRIÈME RÉCIT.

—

LE VENTRILOQUE.

Le village de Hopfield est par excellence le séjour du commérage et de la médisance; là chaque bouche est une trompette, chaque habitant est un écho; chuchotez le matin un secret à un bout de la paroisse, et le soir vous l'entendrez répéter partout! l'amitié même est indiscrète, et les amis ressemblent à des verres fêlés qui ne peuvent rien retenir.

Si vous voulez obtenir quelque complaisance de votre voisin, n'allez pas non plus demeurer à Hopfield, car là, personne n'a un instant à perdre pour les autres; mais que par hasard une voiture ou un cheval traverse la place, qu'une voix crie *balais à vendre*, et vous verrez chacun abandonner son travail et courir à sa porte ; car l'on est aussi curieux que médisant à Hopfield, et l'on y est aussi économe de son temps, que lorsqu'il s'agit de rendre un service.

Par une chaude soirée d'automne, Peggy Mulliers, qui raccomodait, sur le seuil de sa cabane, une paire de bas, les jeta tout à coup de côté et s'avança vers le milieu de la rue pour voir où son voisin, Zoë Willis, courait si vite. Or, elle aperçut bientôt une grande foule d'hommes, de femmes, d'enfants, qui vinrent de l'autre bout du village, et au milieu un ours noir qui marchait nonchalamment conduit par un bateleur. Celui-ci portait une grande redingote blanche, dans laquelle il eût pu se renfermer deux fois ; un gilet trop court, en divorce avec son pantalon, et qui laissait passer une vieille chemise en lambeaux ; des bottes à revers auxquelles il ne manquait que la semelle, et un chapeau gris depuis longtemps veuf de sa bordure. Un jeune garçon en blanc et à l'air affamé marchait à sa tête, soufflant dans un grand flageolet, et battant si vigoureusement sur un tambourin, que, seulement à l'entendre, tous les pieds battaient la mesure.

Arrivé devant le *Lion-Rouge*, seule auberge du village, le bateleur s'arrêta ; il fit faire le cercle autour de lui, ordonna à *Bruin*, son ours, de se mettre debout ; puis brandissant son bâton sur la tête de l'animal, il commença à danser avec lui, faisant des passes et prenant des poses que *Bruin* imitait de la manière la plus pittoresque. On pense si les habitants de Hopfield étaient heureux, et si la foule riait de bon cœur.

Un ventriloque de joyeuse humeur, qui se trouvait alors au *Lion-Rouge*, regardait par une fenêtre ce spectacle bouffon. Arrivé depuis le matin, il avait déjà été à même de reconnaître la crédulité et l'ignorance des habitants de Hopfield ; l'idée lui vint en conséquence de se servir de son adresse pour s'amuser à leurs dépens.

Il descendit parmi les spectateurs, et profitant

d'un moment où le flageolet et le tambourin se tai-
saient, il s'approcha du bateleur.

— Votre ours parle sans doute? lui dit-il sérieusement.

Le bateleur le regarda finement, haussa les épaules, et répondit avec brusquerie :

— Ma foi, interrogez-le et vous le saurez.

C'est ce que le ventriloque attendait. Il fit un pas
vers Bruin, mit ses deux mains dans ses goussets,
comme un homme qui se prépare à faire le plaisant,
et dit à l'ours d'une voix goguenarde :

— Tu danses comme un sujet de l'Opéra, et je
t'en fais mon compliment. De quel pays es-tu mon
gentleman ?

Une voix qui semblait sortir de la gueule de
l'ours, répondit :

— Des Alpes, en Suisse.

Nous n'essaierons point de dépeindre le saisis-
sement de la foule ; chacun resta frappé d'étonnement et d'effroi ; mais la stupeur du bateleur était
à peindre au milieu de toutes ces figures cons-

ternées. Il ouvrit ses grands yeux hébêtés, ouvrit sa grande bouche vide de dents, et demeura aussi immobile que si ses pieds eussent pris racine.

Le ventriloque se détourna vers lui :

— Votre ours parle fort bien l'anglais, dit-il, et c'est à peine s'il lui reste un peu d'accent helvétique.

Puis s'adressant de nouveau à Bruin :

— Tu as l'air triste ? observa-t-il avec intérêt.

— Les brouillards de l'Angleterre m'ont donné le spleen, répliqua l'animal.

Ici la foule commença à s'éloigner de quelques pas.

Le ventriloque continua :

— Y a-t-il longtemps que tu appartiens à ton maître ?

— Assez longtemps pour que j'en sois ennuyé.

— Est-ce qu'il n'est point bon avec toi ; Bruin ?

—Oui ! bon comme un forgeron avec son enclume.

— Et que veux-tu faire pour te venger ?

— Un de ces matins je le mangerai comme une rave à mon déjeûner.

A ces mots, la foule effrayée laissa un large es-

pace entre elle et l'ours. Le bateleur éperdu voulut
tirer à lui la chaîne de Bruin ; mais l'animal ennuyé
fit entendre un sourd grognement. Le ventriloque
n'en attendit pas davantage ; il enfonça son chapeau, tourna sur lui-même, et prit sa course vers
l'auberge ; la foule épouvantée l'imita, et se dispersa
de tous côtés en courant comme si elle eût eu l'ours
à ses trousses.

Le ventriloque, arrivé au *Lion-Rouge*, regarda
en riant les fuyards se perdre dans les différentes
rues du village, tandis que la cause de tout ce dé-
sordre, Bruin, tranquillement assis sur son derrière,
semblait jeter un regard insouciant et philosophi-
que sur toutes ces terreurs qui s'agitaient autour de
lui.

Le soir même, le ventriloque, se trouvant à la
porte de l'auberge, où beauconp d'habitants s'é-
taient réunis, entendit causer de l'aventure du matin avec force amplifications et commentaires ; il
pensa que la plaisanterie avait été poussée assez loin,
et expliqua en riant comment la chose s'était passée.

On l'écouta d'abord avec curiosité ; mais lorsqu'il eut fini, les anciens secouèrent la tête d'un air incrédule.

— Ceci est bon à faire croire à des enfants, murmura la vieille grand-mère Griffy, mais non à ceux qui ont de l'expérience. Ce n'est point la première fois que des animaux parlent, comme on peut le voir dans la Bible à propos de l'âne de Balaam. Du reste, l'almanach avait prédit cet événement en annonçant que vers la mi-août, trois jours avant, ou trois jours après celui-ci, il se passerait dans le monde quelque chose de merveilleux.

Le ventriloque insista, et voulut donner la preuve de ce qu'il avançait ; mais la foule s'éloigna avec défiance, persuadée qu'il voulait la tromper.

L'aubergiste, qui avait tout observé d'un œil rusé et avec un sourire narquois, s'approcha alors du mystificateur déconcerté, et lui dit :

— Milord ne devrait point s'étonner de ce qui arrive ; les contes sont toujours mieux accueillis de la foule que les réalités. Sa Seigneurie a voulu plaisanter des rustres, et ceux-ci ont pris la plaisanterie

au sérieux; toutes les paroles ne pourront maintenant persuader les habitants de Hopfield que l'ours
Bruin n'a point parlé. Si milord voulait me permettre une réflexion, je lui dirais que ceci prouve une
chose : c'est que le plus souvent il ne dépend plus
de celui qui a répandu dans le public une opinion
absurde ou dangereuse de la détruire, même en
faisant connaître la vérité.

LE PETIT ORATEUR.

CINQUIÈME RÉCIT.

LE PETIT ORATEUR.

Marc parcourait la salle éclairée par le soleil du soir en relisant tout bas le discours qu'il venait d'achever ; ce discours devait être lu le lendemain au grand conseil, et décider sans doute une question qui agitait depuis longtemps Genève ; car, bien que Marc fût un des plus jeunes conseillers, sa haute intelligence lui donnait sur tous les autres une autorité incontestée.

Malheureusement cette intelligence manquait de défense contre la passion : ce que Marc aimait l'empêchait de savoir ce qui était juste, et, n'étant point en garde contre les sollicitations de son intérêt personnel, il en faisait naïvement l'intérêt général.

Cette fois encore, dans le discours préparé par lui, il venait de prendre ses désirs pour les inspirations de sa raison; mais il l'ignorait, car l'égoïsme est presbyte; il ne s'aperçoit point lui-même.

Marc achevait de repasser son discours, lorsqu'une bouffée de rires et de chants arriva jusqu'à son oreille par une porte subitement entr'ouverte. Son front pensif s'éclaircit; il se dirigea instinctivement vers la pièce voisine, et s'arrêta sur le seuil, ému du spectacle qu'il avait devant les yeux.

Au milieu d'une chambre parsemée de jouets, sa jeune femme était agenouillée, tenant un de ses enfants dans ses bras, tandis que les deux autres roulaient à ses pieds, et qu'un peu plus loin sa sœur, assise près de son fiancé, les regardait en souriant.

La mère berçait sur son sein l'enfant demi-nu, en s'efforçant de l'engager au sommeil; mais l'enfant qui résistait jeta un cri de joie à la vue de Marc, et lui tendit ses petits bras.

— Fritz ne veut pas aller se coucher, dit-il; Fritz

est un homme, il veut rester éveillé comme le *père*.

— Le *père*, lui, veille pour notre repos à tous, reprit la jeune femme, en jetant vers Marc un regard de fierté tendre ; Fritz ne voit-il pas le papier que le *père* tient à la main ?

— Et qu'est-ce qu'il y a sur ce papier ? demanda l'enfant.

— Un discours qui sera lu demain au grand conseil.

— Le grand conseil... c'est cette chambre toute rouge où il y a une table bien longue et des hommes qui parlent bien haut ? Nous avons conduit une fois le *père* jusqu'à la porte. Mais qu'est-ce que l'on dit donc au grand conseil ?

— On dit ce qu'il faut ordonner pour rendre tout le monde heureux à Genève.

— Et c'est pour cela que le *père* fait des discours ?

— C'est pour cela.

Le petit garçon prit un air important.

— Alors, Fritz saurait aussi en faire ! dit-il gravement.

Marc et la jeune femme ne purent retenir leurs rires.

— Et que dirait Fritz? demanda le premier gaiement.

— Qu'on le conduise au grand conseil, et le *père* verra, dit l'enfant d'un ton capable.

— Eh bien! nous y sommes, répondit Marc en l'élevant dans ses bras et le posant sur un de ces bahuts encore en usage au dernier siècle; voyons! Fritz est à la tribune.

— Nous ne sommes pas dans la grande salle rouge! observa l'enfant.

— N'importe, reprit Marc, nous écoutons Fritz; il va nous faire son discours; que tout le monde se taise.

Il s'était agenouillé près du bahut, afin de soutenir le petit garçon d'un de ses bras; les deux autres enfants avaient interrompu leurs jeux et levé la tête; la mère, sa jeune sœur et son fiancé regardaient en souriant. Quant à Fritz, debout sur le meuble, il tenait d'une main un de ces grotesques de bois sculpté que les ateliers de Nuremberg fournissaient alors à toute l'Europe, et promenait autour de lui un regard assuré.

— Allons, reprit Marc, que veut dire Fritz au grand conseil ? Fritz a la parole !

L'enfant leva un de ses bras, comme il l'avait vu faire à son père lorsqu'il étudiait ses discours.

— Grand conseil ! dit-il d'une voix claire, puisque vous êtes ici pour ordonner ce qui doit rendre tout le monde heureux, Fritz vous prie de diminuer le prix du pain d'épice, de brûler tous les alphabets, et de lui donner une chèvre blanche comme celle de la petite fille du bourgmestre.

On rit, et l'enfant s'arrêta court.

— Après ! après ! s'écrièrent la mère, la tante et le fiancé.

— Après, reprit le garçon, Fritz voudrait demander au grand conseil de renvoyer de la ville le forgeron et son chien, parce qu'ils font peur à Fritz.

— Enfin ? ajoutèrent toutes les voix.

— Enfin, grand conseil ! Fritz demande que l'on

permette aux petits enfants de se coucher aussi tard qu'ils voudront, et alors tout le monde sera heureux, puisque Fritz aura ce qu'il désire.

Un éclat de rire général s'éleva, et tous prirent la parole presque en même temps.

— C'est de l'éloquence politique !

— Fritz est déjà égoïste comme un homme !

— Son discours pourrait servir de leçon à plus d'un membre du conseil !

— Ah ! vous avez raison ! interrompit vivement Marc, qui était seul devenu sérieux ; nous devrions tous imiter le Christ, et *laisser venir vers nous les petits enfants* ; car, qu'elles nous rappellent le bien ou le mal, leurs naïves paroles sont un enseignement !

Il embrassa tendrement le petit garçon sans rien ajouter ; mais une partie de la nuit fut employée par lui à préparer un nouveau discours, et le lendemain, grâce à son influence, la question débattue, au lieu d'être décidée par le grand conseil, au profit du petit nombre, comme il l'avait d'abord voulu, fut résolue *pour le bien de tous.*

OHMACHT.

SIXIÈME RÉCIT.

OHMACHT.

En 1772, le vieux Gassner, alors bourgmestre de la ville impériale de Rothweil, écoutait les doléances d'un paysan venu d'un des villages du cercle de la Forêt-Noire pour le consulter. Nicolas Ohmacht se plaignait amèrement de son fils, devenu, disait-il, le fléau de l'honnête famille.

— Ses deux sœurs ne me donnent que satisfaction, ajoutait le paysan avec tristesse; mais pour ce qui est de Landelin, monsieur le bourgmestre, sa mère Agathe l'a mis au monde en expiation de nos péchés. Bien qu'il arrive dans ses douze ans, il ne saurait

distinguer une graine de chou d'une graine de navet,
et la fièvre me happe s'il ne briderait point un cheval par la queue! le voyant plus fainéant et plus
assoté que tous ceux de son âge, je l'avais mis à
garder les bêtes dans la pâture; mais ç'à été à mon
grand dommage, car les bêtes ont fourragé partout
chez les voisins, et il m'a fallu payer des amendes.

— Où était donc Landelin pour n'y point prendre
garde? demanda le magistrat.

— Où il était? répéta le paysan; tout près de là,
assis à l'ombre d'un buisson et occupé à tailler des
images; voyez plutôt, en voilà des échantillons.

En parlant ainsi, le digne Nicolas tirait de sa
poche plusieurs de ces petites figures de bois que les
pâtres de la Forêt-Noire sculptent au couteau,
comme ceux de la Suisse et du Tyrol.

Maître Gassner les prit l'une après l'autre et les
examina avec attention. Ce n'était aucun de ces lieux
communs de ciselure mille fois refaits et toujours
copiés; les essais de l'enfant avaient le cachet d'in-
vention personnelle qui dénote l'artiste. Le bourg-

mestre était assez connaisseur pour le sentir. Il déclara au paysan que, loin de se plaindre, il devait se réjouir, et que Landelin était destiné à autre chose qu'à la garde des troupeaux. Il lui conseilla de ne point contrarier plus longtemps une vocation évidente et d'envoyer le jeune garçon chez un menuisier ciseleur.

Nicolas Ohmacht se rendit au conseil du vieux Gassner, et confia son fils à un sculpteur en bois de Triberg, dans la Forêt-Noire.

Landelin s'aperçut bien vite qu'il en savait plus que son maître, et partit pour Fribourg en Brisgau, où il acheva son apprentissage.

Il entra ensuite chez Melchior, habile sculpteur de Frankenthal, qui a laissé sur son art des traités justement estimés. Ce fut là que Ohmacht se fit initier à la statuaire et commença à prouver des aptitudes sérieuses. Toujours au travail, il ne tarda pas à réaliser des gains encore légers, mais dans lesquels sa frugalité trouva des éléments d'épargne. Grâce à cette sévère économie, il put, en 1780, revoir sa famille, et maître Gassner auquel il devait l'inestimable bonheur de suivre la carrière à laquelle il était naturellement destiné.

L'excellent bourgmestre lui procura quelques travaux dans la cathédrale de Rothweil, où l'on montre encore, dans le chœur, deux bustes et deux compositions d'Ohmacht.

Ces œuvres achevées, le jeune sculpteur, qui n'avait encore que vingt et un ans, retourna chez son maître Melchior ; il ne le quitta que pour faire d'assez longs séjours à Bâle et à Manheim. Il y exécuta un grand nombre de portraits sculptés dans ces cailloux d'albâtre à teintes roses que roulent quelques ruisseaux de la Suisse et de l'Allemagne. Ce qui domine dans ces nombreuses études du visage humain, c'est un sentiment de grâce et d'idéalité qui surmonte pour ainsi dire la trivialité des modèles. A son insu et par l'élan de sa nature, Ohmacht ne cherche jamais, dans les traits qu'il reproduit, que la *ligne heureuse ;* tout ce qu'il y a de bas ou de trop commun s'efface sous son ciseau, sans que la

ressemblance soit oubliée ; le visage qu'il a copié
est toujours reconnaissable, mais l'artiste l'a saisi
au moment le plus noble, il n'a appuyé que sur les
beaux côtés. Nous nous arrêterons à ce caractère de
son talent, parce qu'il constate, pour ainsi dire,
la nature élevée de l'artiste. Le goût pour le portrait
grimacé qui n'obtient la ressemblance que par l'ac-
centuation des traits exagérés ou ridicules, est
presque toujours, en effet, la preuve de la vulgarité
ou de l'impuissance. L'art n'est point destiné à pa-
rodier la nature, mais plutôt à la glorifier, en tra-
duisant ce qu'elle a de plus choisi.

En 1787 et en 1788, Ohmacht visita de nouveau
la Suisse. Ce fut alors qu'il habita chez Lavater, dont
il nous a conservé les traits. L'auteur des *Principes
de la Physiognomonie* s'éprit d'une telle amitié pour
le jeune sculpteur, qu'il composa pour lui un petit
recueil de maximes religieuses et philosophiques
dont Ohmacht a toujours conservé le manuscrit ; il
est intitulé : *Andenken an liebe Reisen* (Souvenirs de
voyages chéris).

Les travaux exécutés par l'ancien pâtre de la Forêt-Noire avaient insensiblement grossi ses ressources; à force de diligence et d'économie, il se trouva enfin maître d'une somme qui lui permit de partir pour l'Italie.

Ce fut en 1790 qu'il entreprit ce voyage. Il resta deux ans à Rome, étudiant les chefs-d'œuvre, visitant les ateliers, travaillant sous les yeux de Canova, profitant des entretiens des élèves de l'École française. Ces derniers lui inspirèrent le goût de l'étude théorique. Jusqu'alors il n'avait guère recherché à pénétrer l'art que par l'instinct ; son instruction première trop négligée lui avait interdit l'esthétique ; il commença à s'en occuper sérieusement en lisant les livres de Winkelmann ; aussi, lorsqu'il revint d'Italie, son éducation artistique se trouva complète ; le cœur, l'esprit et la main étaient prêts aux grandes batailles contre la pierre et le marbre.

Ohmacht s'arrêta à Munich, à Vienne, à Dresde, dont il examina les collections. Il séjourna à Hambourg pour l'exécution d'un monument funèbre que l'on élevait au bourgmestre Rhodé. Cette belle œuvre fonda sa réputation et lui acquit l'amitié de Klopstock, l'auteur célèbre de *la Messiade*.

Vers la fin de 1796, Ohmacht était revenu à Rothweil. Il y sculpta le buste de celui qui l'avait deviné le premier, du bon Gassner, et, voulant joindre les liens de la famille à ceux de la reconnaissance, il demanda et obtint en mariage la petite-fille du digne bourgmestre.

Le nouvel habitant de Rothweil ne tarda pas à prouver que chez lui l'homme et le citoyen n'étaient point inférieurs à l'artiste. La ville avait été ruinée par la guerre, l'argent manquait pour les dépenses indispensables de la commune, et toutes les bourses étaient fermées, Ohmacht ouvrit la sienne; il mit à la disposition de sa nouvelle patrie une partie de ses économies, cinq mille florins, qui permirent de subvenir aux besoins les plus pressants.

Cependant rien ne l'arrêtait dans ses travaux. Après avoir exécuté en marbre le buste d'Ernald, dernier duc de Mayence, il se rendit à Francfort lors du couronnement de l'empereur Léopold, et y acheva plusieurs portraits importants ; enfin, vers 1801, il fut chargé du monument que l'on élevait, entre Kehl et Strasbourg, au général Desaix, et vint s'établir avec sa famille dans cette dernière ville, qu'il ne quitta plus, et qu'il a toujours regardée depuis comme sa patrie adoptive. On a souvent critiqué le dessin de ce monument ; mais il est juste de dire qu'il n'appartient pas à notre sculpteur. Ohmacht ne fut chargé que d'exécuter les détails ; le plan et le programme avaient été fournis par Weinbrenn, architecte de Carlsruhe.

Une fois établi à Strasbourg, Ohmacht entreprit plusieurs œuvres capitales qui se succédèrent sans interruption ; les principales sont :

Un groupe en pierre, représentant le Jugement de Pâris ; ce groupe orne aujourd'hui le jardin royal de Munich, et est regardé avec raison comme un chef-d'œuvre de grâce et d'expression ;

Deux bustes en marbre, ceux du peintre Holbein et du constructeur de la flèche de Strasbourg, Erwin

de Steinbach; tous deux sont au Musée du roi de
Bavière;

Une statue de Neptune, placée au milieu d'un
étang, à une demi-lieue de Strasbourg. « La figure
du dieu des mers, dit une biographie d'Ohmacht, a
une gravité imposante : c'est le dieu d'Homère, qui
ébranle les pays lorsqu'il descend des rochers de
Samos, et qui, en quatre pas, atteint son palais
d'Egée ; »

Une Vénus sortant de la mer; c'était le chef-d'œuvre d'Ohmacht : ceux qui l'ont vue assurent qu'elle
pouvait lutter de grâce, de pudeur et de beauté avec
les marbres de l'antiquité elle-même. Vendue à un
particulier, il la céda pour trente mille francs à un
Portugais qui la transporta à Lisbonne, où elle doit
encore se trouver;

Une Flore en marbre faux, terminée en 1812 ;
c'est le pendant de la Vénus ;

Un monument érigé à Strasbourg au célèbre pu-
bliciste Koch ; son buste domine un autel sur lequel
se penche un génie ailé dont les regards se tournent

vers le ciel; une femme, portant la couronne murale
et personnifiant la cité strasbourgeoise, est assise sur
un rocher, et tient de la main gauche la couronne
de chêne destinée aux grands citoyens;

Le buste colossal du préfet du Bas-Rhin, Lézai-
Marnésia; il est placé au Casino littéraire de Strasbourg;

Un Christ et deux statues de la Foi et de la Cha-
rité; ces trois figures, du plus grand style, furent
commandées, en 1815, par le grand-duc de Bade;
elles décorent la chaire de la belle église protestante
de Carlsruhe;

Deux Hébé tenant la coupe où les dieux boivent le
nectar;

Un buste de Raphaël, copié sur un portrait origi-
nal du grand peintre lui-même;

Une Flore en marbre, faisant partie du monument
que le comte de Coigny a élevé à Reims, au célèbre
musicien Catel;

Un monument érigé à l'empereur Rodolphe dans
la cathédrale de Spire;

Une figure de Martin Luther, exécutée pour la ville de Wissembourg, en 1817 ;

Les monuments du banquier Haussmann ; de l'illustre Oberlin, pasteur au Ban de la Roche ; d'Emmerich de Reisseissern, de Blessig, célèbre prédicateur protestant de Turckheim ;

Six Muses, placées sur la salle de spectacle de Strasbourg.

Ohmacht jouit, pendant sa vie, de toutes les joies que peut donner la gloire. Ses ouvrages, recherchés, applaudis, lui valurent l'aisance et l'admiration, sans que sa simplicité modeste en subit aucune atteinte. Il refusa, à plusieurs reprises, les lettres de noblesse qui lui furent offertes par des princes allemands, et le titre de statuaire de la cour, malgré les avantages considérables qui y étaient attachés. Sa demeure ressemblait et ressemble encore à un musée ; les étrangers y voient exposés plusieurs des beaux ouvrages d'Ohmacht et quelques tableaux des peintres les plus célèbres. Ce fut le 31 mars 1834 que cet homme excellent et cet éminent artiste rendit son âme à Dieu. Il a laissé un élève, M. Grass, l'auteur du monument de Kléber, de la statue en bronze d'Icare, et de la statue en marbre de la petite Bretonne ; ces deux dernières figures ont été achetées par le Musée de Strasbourg.

LE BOSSU DE SOUMAK.

Au nord de l'Ecosse, et non loin des montagnes où la Dee prend sa source, se trouve un village nommé Soumak, qu'entourent de vastes terrains, aujourd'hui incultes pour la plupart.

Là vivait, il y a quelques années, un pauvre bossu appelé William Ross, et plus connu sous le nom de William le laid. Il était maître d'école de Soumak; mais une douzaine d'enfants à peine suivaient ses leçons; car les habitants du village méprisaient d'autant plus l'instruction, que William était le seul d'entre eux qui eût étudié. Or, comme la science n'avait pu lui procurer une position élevée, tous en avaient conclu qu'elle était inutile ; et l'on disait à Soumak, en forme de proverbe :

— Cela ne te servira pas plus que les livres de William le Laid.

Cependant ces moqueries n'avaient pu changer les goûts du maître d'école. Sans orgueil et sans ambition, il continuait à étudier, dans le seul but d'élever son intelligence et d'agrandir de plus en plus son âme. Il réussissait d'ailleurs, souvent à faire adopter d'utiles mesures, en poussant d'autres que lui à les conseiller ; et tout ce qui s'était accompli de bien à Soumak, depuis dix ans, était dû à son influence cachée.

Content d'aider ainsi au progrès, il supportait sans se plaindre le mépris qui lui était témoigné. C'était un de ces cœurs pleins de chaleur et de clémence qui, comme le soleil, éclairent tout autour d'eux sans s'inquiéter des injures, et qui trouvent, dans l'accomplissement même du devoir, l'encouragement et la récompense.

Il descendait un jour la colline, en lisant un nouveau Traité d'agriculture reçu de Bervic, lorsqu'il entendit derrière lui un bruit de pas et de voix : c'étaient James Atolf et Edouard Roslee qui regagnaient le village avec Ketty Leans.

Le bossu rougit et se rangea, car il savait que tous trois aimaient à le railler sans pitié; mais la route était trop étroite pour qu'il pût les éviter. James fut le premier qui l'aperçut.

— Eh ! c'est William le Laid, dit-il avec ce rire insolent que donne la force lorsqu'elle n'est point modérée par la bonté; il a encore le nez dans son grimoire.

— Je m'étonne toujours qu'un garçon si savant porte un habit si râpé, fit observer Edouard, qui, comme la plupart de ses pareils ne voyait d'autre but à la vie que la richesse.

— Oh ! William est un homme pieux et sans coquetterie, continua la jolie Ketty en penchant la tête d'un air moqueur.

— Je ne donnerais point mon petit doigt pour

toute sa science, reprit James ; que ses livres lui
apprennent, s'ils le peuvent, à conduire, comme
moi une charrue, pendant douze heures.

— Ou à se faire un revenu de trente livres sterling, continua Roslee.

— Ou à se moquer d'une vingtaine d'amoureux,
ajouta Ketty.

Le maître d'école sourit.

— Les livres ne me donneront point la force de
conduire douze heures votre lourde charrue, James,
dit-il doucement au jeune laboureur, seulement ils
m'apprendraient à en construire une moins pesante
et plus utile ; je vous en donnerai le modèle quand
vous le voudrez. Je n'ai point trente livres sterling
de revenu, monsieur Roslee ; mais si je les avais, au
lieu de les renfermer, je leur ferais rapporter un
double intérêt, par des moyens honnêtes et faciles
que je puis vous enseigner. Quant à vous, miss Léans,
je lisais l'autre jour quelque chose de fort instructif
pour les jeunes filles qui se moquent de vingt amoureux.

— Et qu'était-ce donc, s'il vous plaît, William ?

— L'histoire d'un héron qui, après avoir dédaigné d'excellents poissons, se trouve trop heureux de souper avec une grenouille.

Les deux paysans se mirent à rire, et la jeune fille rougit.

— Les livres ne peuvent donner, il est vrai, ni la force, ni la richesse, ni la beauté, continua le bossu ; mais ils peuvent apprendre à se servir de ces dons du ciel. Ignorant, je n'aurais été ni moins faible, ni moins pauvre, ni moins laid, et je serais demeuré inutile. Profitez donc des avantages que Dieu vous a faits en y ajoutant ceux de l'instruction.

James haussa les épaules.

— Je comprends, dit-il ; tu ressembles à ce marchand de vulnéraire venu l'an dernier, et qui vendait, disait-il, un remède à tous les maux. Tu voudrais nous faire acheter ta science, qui se trouverait, en définitive, n'être que de l'eau claire comme celle du charlatan ; mais je tiens que l'étude est chose bonne pour les bossus, qui ne peuvent faire autre chose. Quant à moi, j'en sais assez pour porter une barrique de bière sur mes épaules et abattre un taureau d'une seule main.

— Et moi, je crois pouvoir continuer de toucher mes rentes sans apprendre le latin, reprit Edouard; je ne vois donc que miss Leans...

— Mille grâces, interrompit celle-ci, on me trouve assez savante telle que je suis; et, à moins que M. William n'ait à me donner une nouvelle recette pour blanchir les dents ou empeser les fichus, je puis me passer encore de ses leçons.

— Adieu donc, William le Laid, reprit Atolf.

— Adieu, mon pauvre bossu, ajouta Roslee.

— Adieu, *magister*, dit la jeune coquette.

William salua de la tête, les laissa passer devant lui, et continua à descendre lentement la colline.

Les railleries qu'il venait de subir étaient si ordinaires, qu'il n'y pensa plus dès qu'il cessa de les entendre. Accoutumé à servir de jouet depuis son enfance, il s'était fait une cuirasse de la résignation et de l'étude. Chaque fois qu'un coup venait le frapper, il rentrait sa tête comme la tortue, et attendait que l'ennemi fût parti. Cette force d'inertie l'avait préservé de l'irritation et du désespoir. Ce qu'il avait en lui le consolait, d'ailleurs, de ce qui était au-dehors. Lorsque le froissement des hommes le blessait, il se réfugiait dans ce monde des sentiments et des idées où tout est animé sans emportement, affectueux sans mollesse. Il appelait les intelligences d'élite de toutes les époques et de toutes les nations pour faire cercle autour de son âme; il les écoutait, il leur répondait, il vivait dans leur intimité. C'étaient là ses consolations et la source où il puisait son courage pour supporter les épreuves de la vie réelle.

Or ces épreuves étaient rudes et fréquentes; car la grossièreté des habitants de Soumak était passée en proverbe dans tout le pays. Retirés au pied des montagnes, sans communications avec les villes voisines, sans industrie et sans volonté d'en créer, ils étaient demeurés étrangers aux progrès qui s'étaient accomplis depuis deux siècles. Non que la nature eût été pour eux avare de richesses ; leur campagne était fertile, leurs troupeaux nombreux : mais les chemins mêmes manquaient pour faire arriver les produits du canton jusqu'à Eosar et Bervic. Les hauts fonctionnaires chargés par le roi d'Angleterre de l'administration du pays désiraient depuis longtemps faire cesser un tel état de choses; ils décidèrent enfin que des routes seraient ouvertes.

A peine cette nouvelle fut-elle portée à Soumak que tout le village fut en émoi. Chacun raisonnait sur la nouvelle ordonnance, et la plupart y trouvaient à redire : l'un avait son champ traversé par la route projetée; l'autre était forcé d'abattre quelques arbres; un troisième, de déplacer son entrée. Mais ce fut bien autre chose quand Edouard Roslee apprit que chacun devrait contribuer au chemin par son travail ou son argent ! Dès lors il n'y eut plus qu'une opinion; tout le monde le trouva inutile, nuisible même. On s'assembla en tumulte sur la place boueuse de l'église : Roslee déclara qu'il refuserait ses chevaux pour les charrois; Atolf, qu'il briserait les os au premier collecteur qui oserait lui demander un shelling; Ketty elle-même déclara qu'elle ne danserait avec aucun de ceux qui consentiraient à y travailler.

L'aubergiste, de son côté, qui avait le monopole des denrées qu'il allait seul vendre à Bervic, soutenait que si le nouveau chemin se faisait le pays serait ruiné : le tisserand ne trouverait plus à vendre ses toiles, parce que la ville en fournirait de plus belles; le mercier aurait la concurrence des colporteurs, l'épicier celle des marchands forains. Avec la nouvelle route il n'y aurait plus de salut pour personne, et autant valait mettre le feu à Soumak.

Pendant ce discours de maître Daniel, ses garçons distribuaient de la bière forte pour aider à la puissance de ses arguments. Aussi l'opposition devint-elle bientôt de la fureur : tous s'écrièrent qu'il fallait s'opposer au projet.

L'exécution ne devait en être définitivement décidée que dans quelques jours : une pétition, adressée au nom de tous les habitants de Soumak, pouvait donc éclairer les hauts lords, et prévenir le malheur que l'on redoutait; mais William seul était capable de l'écrire. On courut à son école, et Roslee lui expliqua ce que l'on désirait de lui. Le bossu parut stupéfait.

— Quoi ! vous ne voulez point d'une route qui doit enrichir le canton? s'écria-t-il.

— Nous n'en voulons pas ! répondirent cent voix.

— Mais vous n'y avez point pensé, reprit vivement le maître d'école. Rapprocher les produits du lieu où on les consomme, c'est toujours augmenter leur valeur, et le chemin proposé fait de Soumak un faubourg de Bervic : vous pourrez apporter dans cette ville tout ce que vous donneront vos champs, vos troupeaux, et vendre chaque denrée le double de ce que vous la vendez aujourd'hui.

— C'est faux ! s'écria l'aubergiste courroucé.

— Vous-même, maître Daniel, continua le bossu, vous regagnerez, et au-delà, comme hôtelier, ce que vous aurez perdu comme trafiquant. S'il y a une route, il y aura des voyageurs, et s'il y a des voyageurs vous les logerez. Croyez-moi, loin de réclamer contre le projet, pressez-en l'exécution ; l'impôt que l'on vous demande dans ce but n'est qu'une avance dont vous ne tarderez pas à recouvrer les intérêts.

— Non, s'écria Roslee, je ne veux point de route. Avec une route, il nous arrivera ici des richards, et nous ne serons plus maîtres du pays.

— Sans compter que les garçons de Bervic viendront épouser nos jeunes filles, ajouta Atolf.

— Qu'il arrivera de belles dames qui nous feront paraître laides, murmura Ketty.

— Et que l'on ira acheter de mauvaises marchandises à la ville, s'écria John l'épicier.

— Pas de route ! pas de route ! répétèrent-ils tous en chœur.

— Nous n'avons point, d'ailleurs, besoin des discours de William le Laid, reprit James ; qu'il nous écrive la pétition, c'est tout ce que nous lui demandons.

— En vérité, je ne le puis, répondit le bossu ; car ce serait m'associer à un acte que je ne dois

approuver ni comme être raisonnable, ni comme
Anglais, ni comme habitant de Soumak. Cherchez
quelqu'un à qui un tel office ne répugne point.

— Tu es le seul qui soit capable de le remplir,
fit observer Daniel.

— Je ne le puis ni ne le veux.

— Quoi! il refuse? interrompirent quelques voix.

— Il faut le forcer! répondirent plusieurs autres.

— Qu'il écrive! qu'il écrive! s'écrièrent-ils tous
à la fois.

Mais la fermeté de William dans ce qu'il croyait
bien était inébranlable. Il déclara qu'il n'écrirait
point la pétition demandée, et les menaces, les
coups même ne purent rien obtenir de lui. Il sup-
porta les mauvais traitements avec cette impassibi-
lité silencieuse que donne l'impuissance, et il fallut
y renoncer.

On parla bien de se rendre à la ville pour faire
rédiger la pétition par un homme de loi; Roslee fut
même chargé de cette commission : mais il était
tard, et l'on dut remettre la chose au lendemain.

Le lendemain, le mauvais temps empêcha le fermier de partir; le jour suivant, ce fut une affaire.
Le premier empressement était d'ailleurs passé; la
résistance s'était dépensée en paroles : on causait
plus tranquillement du chemin projeté : bref, la
pétition ne se fit point, les hauts lords se réunirent,
et l'exécution de la route fut décidée.

Les habitants de Soumak virent avec méconten-
tement les premiers travaux, et il fallut avoir recours aux gens de justice pour obtenir d'eux les
corvées auxquelles ils étaient tenus. Mais les expli-
cations et les assurances de William finirent par
les rendre moins hostiles au chemin nouveau; ils
commencèrent à croire que ses inconvénients pour-
raient bien être compensés par quelques avantages,
et attendirent son achèvement avec une sorte de
curiosité.

A peine fut-il ouvert que toutes les prévisions
du bossu commencèrent à s'accomplir. Les denrées
transportées aux marchés voisins doublèrent de
valeur, tandis que le prix des objets fabriqués à la

ville baissait d'autant. Ketty put avoir de plus belles étoffes sans dépenser davantage ; James augmenta sa ferme ; Roslee ses troupeaux, et Daniel se vit forcé de bâtir un nouveau corps de logis à son auberge.

Or il y avait près du village une grande bruyère, appartenant à la paroisse, qui pouvait avoir au moins mille acres d'étendue, mais qui, vu son aridité, servait seulement à nourrir quelques moutons ; on l'appelait le *Commun*. William avait souvent pensé au profit que l'on tirerait de cette friche si l'on pouvait la transformer en prairie ou en terre labourable. Il étudia donc avec soin la nature du sol, sa position, et crut avoir trouvé le moyen de le fertiliser.

Un soir qu'il se trouvait chez Daniel, il en parla à quelques fermiers qui se plaignaient de n'avoir point assez de pâturages pour leurs troupeaux ; mais aux premiers mots tous se récrièrent.

— Par saint Dunstan ! dit un gros éleveur de bœufs, qui passait pour une forte tête dans le pays depuis qu'il avait fait fortune, il faut que le *magis-ter* ait l'esprit fait comme son échine! Tu ne sais donc pas, maître bossu, qu'il faut de l'eau pour les prairies?

— Pardonnez-moi, monsieur Dunal, dit William avec douceur.

— Et tu n'as jamais remarqué que le *Commun* était plus sec que la langue d'un chat?

— Je l'ai remarqué.

— Par quel moyen, alors, comptes-tu en faire un herbage?

— En y trouvant de l'eau.

— Et où la prendras-tu?

— Je ferai creuser un puits au nord du *Commun*.

— Un puits! s'écria Dunal en éclatant de rire; tu veux tenir une prairie fraîche avec un puits?

— Pourquoi non? interrompit James; il arrosera chaque pied de trèfle à la main, comme une laitue.

Le bossu était trop accoutumé aux sarcasmes pour s'en offenser; il sourit lui-même de cette plaisanterie.

— Le puits dont je parle ne ressemble point à ceux que vous connaissez, dit-il, mais aux puits de l'Artois, dont l'eau jaillit hors terre et peut ensuite se distribuer en rigoles comme celle d'un ruisseau.

— Un puits qui jaillit ! s'écrièrent tous les assistants.

— Sur mon âme, il est fou, dit Edouard Roslee.

— Il aura lu cela dans quelque livre, ajouta James.

— Allons, *magister*, ne nous faites pas de contes de fées, reprit Dunal ; je ne suis pas un imbécile, Dieu merci, et j'ai parcouru plus de pays qu'aucun de vous : je connais Inverness, Perth, Stirling, et j'ai vu des vaisseaux de guerre à Aberdeen. Mais pour ce qui est des puits jaillissant, je croirais encore plus facilement ce que vous nous disiez il y a quelque temps de ces grosses boules pleines de fumée avec lesquelles on pouvait s'élever jusqu'aux nuages, et de ces grands bras de fer qui écrivent dans l'air, de manière à porter en cinq minutes une nouvelle d'ici à Londres.

— Et vous auriez raison de croire à toutes ces choses, monsieur Dunal, car toutes existent, reprit William ; mais quant au puits jaillissant, je suis sûr que l'on réussirait à le faire dans le *Commun*, car j'ai bien examiné le terrain ; et ce serait pour la paroisse un énorme accroissement de revenus. Du reste, vous pouvez consulter l'ingénieur de Bervic : il a vu en France de ces puits, et en a fait creuser lui-même.

Les fermiers haussèrent les épaules.

— Perce ton puits, William le Laid, dit James avec mépris, et je te promets d'y conduire boire mes ânes à raison d'un sheling par tête.

— Et moi reprit Daniel, je te fournirai autant de bière forte qu'il jaillira d'eau de ta fontaine.

Le maître d'école n'insista point. Il savait par expérience que la discussion avec les ignorants n'a d'autre résultat que d'intéresser leur orgueil à leurs préjugés, et il résolut d'attendre une occasion pour revenir sur le même sujet.

Mais, parmi ses auditeurs se trouvait un étranger,

arrivé de la veille chez maître Daniel. Il parut frappé
des observations du bossu, le prit à part, et lui a-
dressa des questions sur la grande bruyère. William
proposa de l'y conduire, et lui expliqua sur les
lieux mêmes, les raisons qu'il avait de croire à la
réussite d'un puits jaillissant. Elles étaient si claires
que l'étranger en parut frappé; il remercia William
et partit. Quelques jours après le maître d'école apprit que la paroisse venait de vendre le *Commun* à
l'étranger, qui n'était autre que milord Rolling,
connu pour sa grande fortune et ses grandes exploi-
tations.

Un ingénieur et des ouvriers arrivèrent bientôt
de Bervic pour percer le puits dont William avait
eu l'idée. Ce fut une grande rumeur dans le pays:
la plupart continuaient à se moquer de l'entreprise, et James venait chaque jour s'informer s'il
pourrait bientôt amener ses ânes. Mais, que l'on
juge de son étonnement lorsqu'en arrivant, un soir
il aperçut, à la place où les ouvriers travaillaient
encore la veille, une belle colonne d'eau jaillissant

à laquelle on s'empressait de creuser des canaux. Les habitants de Soumak, accourus pour voir la merveille, accueillirent Atolf par des huées, en lui criant que l'abreuvoir était prêt, et d'aller chercher ses ânes ; ce qui fit appeler ensuite le nouveau puits *la source aux Anes*, nom qui lui est demeuré jusqu'à présent.

Lord Rolling, averti de la réussite, arriva le lendemain avec d'autres ouvriers. La bruyère fut défrichée, des bâtiments s'élevèrent, et la nouvelle ferme fut bientôt couverte de troupeaux et de moissons.

Or, comme nous l'avons déjà dit, le nouveau propriétaire du *Commun* était riche et habile. Il introduisit dans son exploitation tous les perfectionnements que l'expérience avait sanctionnés, et obtint, par suite, des produits plus parfaits et plus abondants. Les habitants de Soumak s'en aperçurent bientôt à la dépréciation de leurs denrées : ils commencèrent à murmurer contre leur heureux voisin. William leur assura que le seul moyen de

soutenir sa concurrence était d'adopter les amélio-
rations qu'il avait adoptées lui-même. Mais c'était
toujours le même esprit de routine et d'aveuglement ;
ils repoussèrent par des injures les conseils du maître d'école en continuant leurs plaintes stériles contre lord Rolling.

Sur ces entrefaites, celui-ci, qui avait plus d'eau
qu'il ne lui en fallait, proposa aux habitants de
Soumak de leur en vendre une partie ; mais tous
rejetèrent bien loin cette proposition.

— Voilà les riches ? s'écria Roslee, qui se trouvait pauvre depuis qu'il n'était plus le premier fermier de sa paroisse ; ce n'est point assez pour milord
de vendre ses bœufs, son blé, son fromage, il veut
en faire autant de son eau...

— Comme si elle n'était point à nous plus qu'à
lui, ajouta James, puisqu'il l'a trouvée dans un
terrain qui nous appartenait.

— Et que l'on n'eût jamais dû vendre, ajouta
Daniel.

— Vous avez raison, reprit William, mais on l'a

vendu, et maintenant nous devons chercher seulement s'il est avantageux de racheter cette eau.

— Le village s'en est passé jusqu'à ce jour.

— Mais non sans en souffrir, objecta William ; la fontaine où nous allons puiser est éloignée, la route qui y conduit fatigante...

— Pour les bossus, peut-être, interrompit James en riant ; quant à moi, je la monterais en courant, mes deux sceaux chargés.

— Moi, j'y envoie mes garçons, continua James.

— Et moi, je trouve toujours quelqu'un pour porter ma cruche, ajouta la jolie miss Ketty.

— Cependant, hasarda Daniel, une fontaine dans le village serait bien commode...

— Pour les marchands de vin, acheva Dunal.

— Non, reprit William, mais pour les faibles, pour les pauvres, et pour les femmes qui ne trouvent point des gens disposés à porter leur cruche ! Songez, d'ailleurs, qu'en cas d'incendie nous n'aurions nul moyen d'éteindre le feu.

Sûrement lord Rolling a payé une commission à

William le Laid pour appuyer la vente de son eau, dit Roslee.

Le bossu rougit légèrement.

— Vous faites-là une méchante supposition, monsieur Édouard, dit-il.

— Moins méchante que la proposition de ton milord, s'écria le fermier. N'est-ce pas assez pour lui de nous avoir ruinés en nous fermant tous les marchés. Qu'il aille au diable avec son eau jaillissante! il n'aura de moi que des malédictions, et pas un sheling.

— Non, s'écrièrent tous les fermiers, pas un sheling.

William baissa tristement la tête.

— Vous écoutez votre passion plutôt que votre avantage, et vous avez tort, dit-il; peut-être vous repentirez-vous avant qu'il soit peu.

Sa prédiction ne tarda point à s'accomplir.

Une nuit que tout le village dormait paisiblement, le maître d'école se réveilla en sursaut; une immense clarté illuminait les rideaux de son alcôve. Il s'élança à la fenêtre... la maison placée vis-à-vis de l'école était en feu.

William jeta un cri d'alarme ; mais plusieurs autres habitants venaient également de s'éveiller. Le bossu s'habilla à la hâte et descendit : il trouva le village entier occupé de combattre l'incendie. Malheureusement le vent s'était élevé ; la flamme, après avoir gagné une seconde maison, en atteignit une troisième, puis la rue toute entière.

Les habitants poussaient en vain des cris de désespoir en s'agitant à la clarté du village en feu : nul moyen d'arrêter le désastre... l'eau manquait.

Pendant quelques heures, ce fut un spectacle à la fois sublime et terrible. Les femmes s'étaient assises à terre en pleurant et tenant leurs enfants dans leurs bras ; tandis que les hommes, debout, les mains crispées, les yeux secs, regardaient tomber en cendre les restes de ces cabanes que la plupart avaient gagnées par vingt années de sueurs.

Enfin, vers le matin, les derniers toits tombèrent, les dernières flammes s'éteignirent, et de toutes ces demeures, la veille encore bruyantes et joyeuses, il ne resta plus que quelques débris fumants entourés de familles sans abri !...

Cependant un côté du village avait été épargné par l'incendie; c'était précisément celui où se trouvait l'auberge de maître Daniel. Les principaux habitants s'y réunirent le lendemain pour s'entretenir du désastre de la nuit précédente.

Mais au lieu d'aviser aux moyens de le réparer, tous se mirent à en chercher la cause. Les uns prétendirent que l'incendie avait commencé chez le forgeron ; d'autres, chez le boulanger. On parla de demandes d'indemnités, de poursuites en justice. La discussion s'aigrit, et l'on allait se séparer sans avoir rien conclu, lorsque William rappela que plus de cinquante familles se trouvaient sans ressources et sans abri.

—Il eût suffi que le vent soufflât d'un autre côté, ajouta-t-il, pour que le feu qui a détruit leurs demeures dévorât les nôtres ; nous n'avons été préservés que par une protection de Dieu. Montrons-nous reconnaissants d'un tel bienfait en secourant ceux qui ont été frappés; ouvrons-leur nos maisons, donnons nos épargnes pour relever leurs toits, prenons enfin à notre compte une part de leur désastre, afin qu'ils en sentent moins le poids.

— Mais alors nous le sentirons, nous, objecta Roslee, que la prospérité avait endurci, et qui craignait toute dépense ne retournant point à son profit; on se ruinerait en prenant tout ce monde à sa charge; et je veux laisser à mes enfants de quoi se mettre sous la dent.

— Sans compter qu'il y a plusieurs des incendiés qui ne méritent guère qu'on ait pitié d'eux, ajouta Dunal; par exemple cet ivrogne de Peters, qui me doit encore le prix d'un veau que je lui ai vendu il y a un an.

— Et les filles de Davys, ajouta Ketty, qui font par leur coquetterie la honte de la paroisse.

— Ajoutez ce bavard de John qui dit du mal de tout le monde, reprit Atolf, et qui prétendait l'autre jour que le boucher de l'autre village m'avait fait demander grâce en boxant.

— Tout ce que nous pouvons faire, continua maître Daniel, c'est d'aider nos voisins par une quête. Pour ma part, j'ai quelques tonneaux de bière prête à se piquer dont je leur ferai présent.

— Moi, je leur donnerai mes pommes de terre les plus avancées, ajouta le fermier Édouard.

— Moi, un porc maigre, continua Dunal.

— Moi, mes vieux habits, dit Ketty.

— Mais pour les loger? objecta William.

— Je prêterai une vieille grange qui est vide.

— Moi, mon grenier à foin.

— Moi, ma grande écurie.

Le maître d'école secoua la tête.

— Ce n'est pas là ce que l'Évangile recommande à des chrétiens, dit-il tristement, et tôt ou tard vous vous repentirez de votre dureté.

Les familles ruinées par l'incendie furent forcées d'accepter ce qu'on leur offrait; mais quelque misérables que fussent les secours accordés par les habitants de Soumak, leur pitié ne tarda point à se lasser; alors les incendiés se trouvèrent sans ressources; à la misère succéda la famine. Poussés enfin au désespoir, les plus hardis commencèrent à prendre ce qu'on leur refusait. Les moissons furent arrachées, de nuit, dans les champs, les fruits enlevés des vergers, les troupeaux dérobés aux bergeries. Les fermiers redoublèrent en vain de vigilance ; l'audace croissait avec le besoin, et les vols se multiplièrent de plus en plus.

William voulut faire comprendre aux paysans que leur inhumanité avait été la première cause de ces désordres ; mais on l'accusa de défendre les voleurs, et Dunal lui demanda s'il partageait le fruit de leurs rapines.

Cependant la misère, qui avait déjà amené l'immoralité, ne tarda point à engendrer la maladie. William reconnut, dès le premier instant, les symptômes de cette terrible contagion transportée d'Asie en Europe, et dont les journaux lui avaient fait connaître les récents ravages. Il se hâta d'en prévenir les autorités et les principaux habitants du canton, en les engageant à faire venir un médecin qui pût surveiller l'épidémie et en arrêter les progrès. Mais on se moqua de ses craintes : Atolf déclara que la maladie frappait seulement les misérables, et qu'elle devait être la bienvenue, puisqu'elle débarrasserait le pays de voleurs et de mendiants ; James ajouta qu'il ne s'était jamais mieux porté ; et Ketty déclara qu'elle préparait sa toilette pour une fête où elle devait danser huit jours après.

Mais huit jours après le village entier était dans la consternation. L'épidémie, qui n'avait d'abord atteint que les pauvres, s'était bientôt attaquée à tout le monde. James lui-même, l'Hercule de Soumak, James, qui n'avait jamais connu la souffrance, avait été emporté dans quelques heures ; Roslee le suivit de près ; puis vint le jour de Ketty : ainsi, force, richesse, beauté, rien ne put garantir du fléau !

On avait couru chercher les médecins de Bervic ; mais la contagion commençait à y sévir également, et aucun n'avait voulu venir à Soumak.

Ainsi livré à lui-même, le mal allait chaque jour grandissant. C'était à peine si le menuisier pouvait

suffire à clouer les cercueils, et le fossoyeur, aidé
de ses fils, à creuser des fosses. Tout commerce et
tout travail avaient cessé. Réunis à la porte de maître Daniel, ceux qui avaient survécu s'entretenaient
des progrès de la maladie et de l'impossibilité de la
combattre. La crainte avait fait place dans les cœurs
à une sorte de rage douloureuse, née de l'impuissance et du désespoir. Ne pouvant arrêter le mal,
la plupart y cherchaient une cause mystérieuse et
surhumaine : les uns parlaient de *mauvais vent* qui
avait passé sur le pays ; d'autres, de vengeances du
démon frappant les populations chrétiennes ; quel-
ques-uns, enfin, d'empoisonnement des fontaines,
dont ils accusaient les juifs sans savoir pourquoi et
par un reste d'antique préjugé. Mais le bedeau de
la paroisse haussait les épaules à toutes ces suppo-
sitions. Pierre Dikins avait été maître d'école à Soumak, et, bien que son ignorance l'eût fait remplacer
par William, il avait conservé toute l'importance
d'un homme qui chante du latin et sait tenir un livre ouvert.

— Ce n'est ni le poison, ni le mauvais vent qui est cause de nos maux, dit-il enfin, mais quelque maléfice provenant de la magie. Il y a parmi nous un homme que j'ai toujours regardé comme dangereux.

— Qui cela? demandèrent plusieurs voix.

— Qui? reprit Dikins; n'avez-vous donc jamais songé à la conduite de William le Laid dans tous nos malheurs? Ne vous souvenez-vous plus des injures et des coups qu'il a reçus pour n'avoir point voulu écrire la pétition contre le nouveau chemin?

— Nous nous en souvenons.

— Il s'en est bien vengé depuis, reprit le bedeau : d'abord, il est la cause que lord Rolling est venu s'établir dans le *Commun*.

— C'est la vérité.

— Puis, il vous a prévenus que si nous n'achetions pas l'eau qu'on nous offrait le village serait brûlé.

— En effet.

— Enfin, il a averti que la maladie allait venir, en nous conseillant d'appeler un médecin.

—Par le ciel ! je n'avais point pensé à tout cela, s'écria Dunal.

— Vous comprenez, reprit Dikins, qu'un homme ordinaire ne pourrait ainsi tout deviner à l'avance.

— Certainement.

— Mais comme dit le proverbe, « le couteau peut prédire le meurtre qu'il doit lui-même commettre. »

— Oui, oui, s'écrièrent plusieurs voix, c'est le bossu qui est cause de tout; il aura appris la magie dans ses livres.

— Et remarquez, interrompit Dikins, qu'il a toujours été, lui, à l'abri.

— Sa maison n'a point brûlé.

— L'épidémie ne l'a point frappé.

— C'est clair, il a jeté un sort sur le village.

— Punissons le sorcier !

— Vengeons nos voisins ruinés !

— Nos parents qu'il a fait périr !

— A mort William le Laid !

— A mort ! à mort !

Ce cri retentit dans tout le village. Les habitants

avaient accueilli avec d'autant plus d'empressement
les soupçons émis par Pierre Dikins, que tous nour-
rissaient au fond de leur cœur, une jalousie secrète
contre la supériorité de William et un dépit violent
d'avoir toujours vu ses avertissements se réaliser.
L'envie aidant donc à la superstition, ils se levèrent
furieux et coururent à la demeure du maître d'école.

Ils le trouvèrent dans sa classe, occupé à instruire
les enfants qui lui étaient confiés, et l'en arrachè-
rent sans lui permettre de s'expliquer. Aveuglés par
la colère, ils poussaient le malheureux William de
l'un à l'autre, proposant mille supplices différents.
Enfin le cri : — Au puits ! au puits ! domina tous
les autres, et l'on entraîna le bossu vers le grand
réservoir pour l'y noyer.

Mais au moment où la bande furieuse dépassait
les barrières du *Commun*, lord Rolling lui-même
se présenta à la tête de ses domestiques armés. Il
venait d'apprendre le danger auquel se trouvait ex-
posé le maître d'école, et accourait pour le sauver.

Il arracha William des mains des paysans, en

leur demandant la cause d'une telle violence. Pierre Dikins la lui fit connaître.

— Ainsi, dit lord Rolling lorsque le bedeau eut achevé, c'est parce que cet homme a toujours été sage, et vous toujours insensés, que vous voulez sa mort. Il vous a prévenu du bien ou du mal qui vous attendait, vous avez refusé de le croire, et maintenant que ses prédictions se sont accomplies vous le rendez responsable de votre imprudence. Malheur aux hommes qui méprisent l'intelligence ou la redoutent ! ils seront livrés à l'ignorance, à l'aveuglement, à l'imprévision. Vous n'êtes point dignes que William demeure parmi vous, puisque vous n'avez point su l'apprécier. Je le prends sous ma protection, et, dès demain, il partira pour le village que j'habite près d'Edimbourg. Là il trouvera des hommes qui regardent la science et la sagesse comme des dons de Dieu, et qui savent les respecter. Quant à vous, demeurez dans vos ténèbres et dans votre méchanceté, puisque vous avez repoussé celui qui voulait vous instruire.

William partit en effet le lendemain, et on ne le revit plus à Soumak : mais les habitants, éclairés par l'expérience, le regrettèrent plus d'une fois ; car rien ne réussit après son départ. Les incendiés, dont on n'avait pas relevé les maisons, émigrèrent ailleurs ; une partie des terres fut abandonnée, le commerce tomba ; et ce qui avait été un riche village ne fut plus, au bout de quelques années, qu'un hameau entouré de champs en friche.

FIN.

www.ingramcontent.com/pod-product-compliance
Lightning Source LLC
Chambersburg PA
CBHW072111090426
42739CB00012B/2932